穿过纽约缝隙

纽约桃花　著

美国龙出版社

穿过纽约缝隙

出 品 人 / 洪君植
作　　者 / 纽约桃花
责任编辑 / 谢榕津　汤　爽
装帧设计 / 成紫薇
出版发行 / 美国龙出版社
Long Publishing Co.
www.ai60.com
网络销售 / 亚马逊 (美国)www.amazon.com
巴诺书店（美国)www.barnesandnoble.com
国际书号 / 9781953903075

出版日期 /2022 年 9 月　　定价 /USD19.99

美国龙出版社 Long Publishing Co.

序：穿过纽约缝隙

时光如白驹过隙，转眼，我已经在纽约生活了 34 年，可谓老纽约了。 对很多人来说，纽约不过是生命旅途中的一个站点，凝聚着离别与再见，而对我来说，纽约是我永久的家，在这里，我成家立业扎下了根。虽然它只是我的第二故乡，心理上，却超过了我对第一故乡北京的记忆和爱恋。

在纽约生活的时光如同曼哈顿街道两旁高楼大厦缝隙中的远眺，有着这个城市独特的历史负重与展望。我喜欢这种眺望，看着车水马龙的流淌消失在街道尽头的缝隙，感觉纽约的与众不同。在我的心底里和字里行间，纽约的气场和张力带给我精神上的改变和冲击显而易见。

这本书收录的故事都是我在纽约断断续续写成的，从 1994 年的爱情故事到 2022 年的移民故事，横跨 28 年的时间。在时间面前，年华逐渐老去，生命变得无足轻重，我们逐渐意识到命运的主宰不在我们手中。所有的沧海桑田，悲欢离合不过是我们面对时间时的无奈幻像。在时光的缝隙中，在我们注定消失之前，将一切所见、所感、所想记录下来或许是一种保存时代记忆的方式。

这本集子里的几篇小说都是根据真实事件撰写而成，如《应太太纽约生存记》、《易碎的浪漫》、《少女安雅之往事》、《黑猫安德森》、《海伦的纽约》等，都是我在纽约遇到的人，听到的故事。尤其《一个纽约的葬礼》更是我内心难以泯灭的伤痛往事构成，大有不写就不罢甘休的冲动。除了纽约之外，我还写了几篇发生在国内的故事，虽然是虚构，但都有非虚构的影子。

我常常觉得，我们每一个人在这个世上走一圈，就是在时间的流逝中探索自己的生与死。或多或少，人生都是我们灵魂既定的命运使然。只是在这样人生的挣扎与时光流逝的缝隙中，能够给予人们一些光和爱，就是我们这场人生之旅的意义。

每年夏季的曼哈顿悬日都会吸引我,看着一轮落日缓慢的移动,最后落在高楼大厦组成的天堑的缝隙正中，那种震撼人心的瑰丽总是让我想到人类的渺小。穿行在时光交错的宇宙中，我们不过是一粒尘埃，唯有意义的光芒照耀在我们身上时，才会熠熠闪光。

对我这粒尘埃来说，纽约就是照耀我人生的一束光。穿行在纽约的时光缝隙三十多年，我在文字搭建的故事中找到了成长的使命。

纽约桃花

2022 年 9 月于纽约上州

目录

易碎的浪漫

一

春天再次来到纽约，孙叔又抽空去了趟罗斯福岛看樱花。沿着东河河岸，孙叔漫步在樱花树下，看着粉红色的花骨朵结在还没有长叶子的树枝上，在春天仍夹杂着寒意的微风中轻轻摇曳，他忍不住举起手中的相机拍摄。

樱花的季节刚刚开始，花朵尚在枝头上含苞待放。但毛茸茸的淡粉依旧如羽毛般地飘荡在空中，让隔河相望的曼哈顿中城天际线成为粉雾的背景。 孙叔沿着河边错落的长椅缓缓走过，淡粉色的雾气笼罩在头顶，隐隐带着纽约春天特有的熏香。

罗斯福岛的樱花已在孙叔的生命中绽放了无数次，但每次带给他的惊喜依旧，仿佛是一个老情人，即便多年未见，再见时仍然带着往事回潮的熟悉与亲切。

孙叔 1982 年从广州来纽约时只是一个毛头小伙子。他拿的是留学签证，算是中国第一批自费留学生。

担保孙叔来美国读书的是他的舅舅老布。孙叔与老布从未谋过面，只知道他于二十世纪六十年代初从台湾去了美国，直到七十年代末期，中国改革开放，老布才与他妹妹，孙叔的母亲重新联络上。

孙叔第一次知道他有个海外关系的老舅还是小学时。就在批斗他父亲的大会上，他才得知母亲的亲弟弟住在美国。孙叔虽然不过是小学生，也知道海外关系在那个年代意味着什么！他觉得在一家杂志社当编辑的母亲好倒霉啊，怎么会有这么一个海外关系，害得她多少年都在工作单位里抬不起头来。最倒霉的是孙叔从美国教会大学毕业的父亲，因为被怀疑是潜伏的美蒋特务被打成反革命送了监，最后死在狱里。父亲死后，母亲很多年都在内疚和伤痛中度过，认为是她的海外关系害死了丈夫。

谁都没想到，孙叔的父亲死后不过十年，他的老舅居然找到了母亲，失散了三十多年的兄妹俩终于联络上。十年在历史上不过一瞬，而对孙家来说却是一辈子的痛。1980 年，海外关系好像一夜之间就成了香饽饽，来孙家央求老舅担保孩子去美国留学的亲朋好友络绎不绝，踏破了门槛。但老舅却跟妹妹说，他只愿意担保自己的外甥去美国读书。

“可孙叔连大学都没有考上啊？”母亲问：“怎么去美国呢？”

“直接去美国读大学啊！”老布指点着母亲替高中毕业了两三年都没有考上大学，不得不待业在家的孙叔申请赴美读书。

于是，母亲花钱请了一位广州大学英语系的老教授帮孙叔申请去美国。孙叔不记得当时填写了多少的表格，过了多少道坎，最终拿到了赴美留学的签证。 他刚拿到了签证，在纽约的老布却因突发性心脏病去世，所有担保工作的善后处理就交给了老布的儿子小布来办理。

那时，赴美留学的个人可以用外汇券换美元。母亲赶紧把积蓄大半辈子的一千五百人民币找人换成外汇券，再换成美金，递到孙叔手里。

孙叔拿着手里的几张绿色的美金钞票，看着母亲多年辛劳出来的苦涩面容和皱纹，忍住从心里不断翻卷上涌的热泪。

飞机离开广州的前一天，母亲给在纽约的小布拍了一份电报，让他去肯尼迪机场接儿子。这是孙叔第一次出国，也是第一次坐飞机。

整个飞行的路途中，孙叔都在昏睡和呕吐中渡过，一点都没有感受到国际旅行的乐趣。不过，当航空小姐送来餐饭时，孙叔的眼睛一亮，认出了他家使用过的餐具。他恍然大悟，原来舅舅每次送给母亲的各种漂亮餐具都是飞机上的临时用品。想到母亲，孙叔心里充满酸楚。母亲劳苦了大半生，失去了丈夫，只能与儿子相依为命，共度余生，如今，他这个做儿子的却远渡重洋，留下母亲一个人，心里能不难过嘛。

飞机终于抵达纽约肯尼迪机场，夜幕中，地面上灯火璀璨，一道道珍珠般的灯火环绕在楼宇，高速公路，如同缎带般将地面织染成一片灿烂灯火的海洋。孙叔从机窗里眺望着纽约上空亮如白昼的灯火，忽然想起老布曾经跟他说过的话，你一定会喜欢纽约的，那里是一座珍珠做成的不夜城。果真，从空中望去，孙叔看到一串串的珍珠镶嵌在纽约那顶闪烁的王冠上。

没想到，到了机场，孙叔左等右等却不见来接他的表哥。眼看着机场的人越来越少，拎着行李箱的孙叔一时不知如何是好。他只会说几句英文，无法与周边来往的旅客搭话。对从来没出过国门的孙叔来说，纽约是一个让他瞬间就茫然得无依无靠的城市。站在明亮而陌生的机场大厅，孙叔心里七上八下，不知道该怎样与小布联系上。

忽然，孙叔瞥见大厅边上的一个公用电话亭，赶紧跑过去想给小布拨电话，但打电话需要先投五分钱的硬币，孙叔却连五分零钱也没有。

正在焦头烂额时，孙叔忽然看到一个亚洲面孔从他身边掠过。孙叔顾不了什么，连忙一把拽住那人问，你是中国人吗？被孙叔拉住的是一个中年人，他看到孙叔慌里慌张的模样，就说我是中国人。

在那一瞬间，孙叔感觉就好像抓到了一根救命稻草，连忙说，“我表哥没有来接我，我想给他打电话，但没有零钱”。中年男人上下打量着孙叔说，你是从大陆来的吧？孙叔赶忙点点头。中年男人带孙叔走到电话亭旁边，拿出五分钱给他说赶紧去打电话吧。没想到电话响了好几分钟都没人接，孙叔沮丧地放下了听筒，咣当一声，五美分掉了下来。

好在那个中国男人并没有转身离开，而是在电话亭外等着孙叔。他跟孙叔说，这样吧，你还是跟我去我的餐馆住一晚上，明天再给你表哥打电话。如果你愿意的话，也可以在我餐馆里打工，我每个月给你 600 美金。

600 美金对孙叔来说是一个迷人的，充满诱惑的数字，他一辈子都没有看到过 600 美金。现在他居然找到了一个月就可以挣 600 美金的工作，简直是天上掉馅饼。孙叔想也没想就赶紧跟中年人说："好吧，我跟你走"。

真是初生牛犊不怕虎，孙叔就跟着中年男人走了，去他位于新泽西州的餐馆。

二

在新泽西的一个偏僻小镇上，有一家挂着 China Buffet 牌子的中餐馆。这家餐馆的老板是一个性陈的台湾人，大家都叫他陈老板。陈老板带着年轻的孙叔回到了 China Buffet，跟伙计们说，这位叫小孙的来餐馆洗盘子，就住在餐馆后面当作储藏室的小屋里。

陈老板对孙叔说，到了美国，你总得起一个英文名字。这样，你就叫 Sunny 吧。

于是，孙叔开始了他在餐馆做洗碗工的生涯，餐馆的员工和顾客都只叫他的英文名 Sunny。

陈老板的祖籍是广东台山人，1949 年跟着家人跑到台湾做了外省人。他看到来自广州的孙叔就特别亲切，觉得孙叔是他的老乡，很投缘。

孙叔在餐馆一做就是两个月。他每天工作七天，从中午到半夜十几个小时忙得团团转。孙叔除了上班，就是睡觉，都忘了给小布打电话。

干了两个月，挣了 1200 块钱后，孙叔这才想起他的学生签证和担保人小布。于是，他赶紧与小布联系。

接到孙叔的电话，小布吓了一跳，说你跑到哪去了，我差点报了警。

原来小布那天接机迟到了，等他到了机场时，才发现大厅里早已空无一人，孙叔也不知去向。小布赶紧给广州的舅妈打电话，明里问安，暗地里却试图打探孙叔的下落。孙叔的母亲听到小布的声音，赶紧问孙叔的状况，小布支支吾吾蒙混过关。小布心里这个紧张啊，他一面安慰着姑妈，一面在想怎么办。他不敢报警，因为他是担保人。被担保人刚到美国就不见了，他付不起这个责任。好在小布在美国长大，绝对相信美国是一个安全的社会。

小布急急忙忙开车到新泽西，把孙叔接回曼哈顿的家来。小布早已帮孙叔联络好了纽约市立大学，让他去学电脑科学。小布是王安电脑公司的工程师，在八十年代就是炙手可热的职业，年收入近八万。因此，小布也让孙叔学电脑，步他后尘。

孙叔却对学电脑不感兴趣，一上课就打瞌睡。他急的没辙，又不好意思跟小布说，生怕打击了人家的积极性，心里不高兴。从大陆来的人都习惯了活在别人的安排与看法里，自己不敢做主，孙叔也是一样。

就这样在大学里勉强混了一个学期，孙叔再也支撑不下去了。

他实在不愿意浪费小布的钱，便找了个借口说自己先要打工挣钱，攒点生活经历再说。小布听了心里未必同意，但却不再勉强了，毕竟在美国的华二代早已学会尊重他人的意愿是美德。

也好，小布说，你做自己喜欢的事吧，有任何问题随时回来找我。

孙叔如同得了大赦，兴冲冲去又回到了陈老板的店中打工。陈老板对于孙叔的归来实在惊讶，他没有想到孙叔放着曼哈顿的精英白领生活不过，偏偏要来餐馆洗碗。陈老板沉吟了一下，决定提升孙叔为服务生，除了工资也可以拿小费。说实在的，孙叔年轻记忆好，人也蛮聪明，英语学得比计算机快得多，也更有兴趣。

就这样，孙叔在新泽西的 China buffet 工作了两年，银行里也存一笔钱，心里面终于没了初来时的惊慌。心一定，日子就开始风轻云淡、波澜不惊了。

在 China Buffet 的第三年，孙叔认识了高莉莉，一个来自北京的女记者。

高莉莉是一个三十岁出头的大美女，起码在孙叔看来。高莉莉打扮的实在太招人眼了，穿着 levi 的紧身牛仔裤，黑色的高筒皮靴，上身是一件白色的紧身衬衣束在牛仔裤里，脖子上系一条亮色的丝绸围巾。最吸引孙叔眼睛的是高莉莉的高挑身材，玲珑有致，一头瀑布般的黑色长发被烫成大波浪飘洒在肩膀四周，随着她潇洒的步伐有节奏地跳跃着。高莉莉第一次出现就仿佛是一道阳光将 China Buffet 不大的店面照耀得如此闪亮，晃得孙叔眼睛发花。

看得出来，陈老板相当欣赏高莉莉，每次她来，都有些巴结地围着她，召唤着孙叔和其他服务生好好招待。孙叔开始还不明白这高莉莉为何方神圣，后来，他才从其他服务生那里得知，高莉莉是中国代表团的随团记者，每年都会跟着不同的代表团来美国很多次。陈老板的大生意全靠不同的中国代表团来包场吃饭，因此，他对代表团每个成员照顾得都非常尽心尽意。

高莉莉每次来餐馆都带着一大堆的摄影器材。看到孙叔对这些器材的兴趣，高莉莉忽然跟孙叔说，我教你摄影，你来做我的助理。

孙叔就这样成为了高莉莉的摄影助理，每个周末他不再打工，而是扛着摄影器材跟高莉莉去拍照。孙叔在摄影上似乎很有些天赋，学了不久，他就掌握了全面的技术，开始给高莉莉拍照。

高莉莉愿意教孙叔摄影的目的就是找一个年轻的小伙子帮她扛器材。看到孙叔如此勤奋好学，在摄影上颇有进展，她也来了劲头，把她的看家本领都教给了孙叔。最让她满意的是孙叔常常让她做拍片模特，让爱美的高莉莉享受到被拍摄的乐趣。知道吗？她跟孙叔说，从来都是我给别人拍照，还没有人给我拍过照片。

随着孙叔的技术不断提高，他开始青出于蓝而胜于蓝，拍摄出来的照片都让高莉莉惊叹。高莉莉拍着他的肩膀说，你可以毕业，接手我的工作了。

孙叔听了颇为诧异，他说我的工作只是一个餐馆端盘子的，怎能跟你比啊！

高莉莉听了，颇为严肃地说：“你不要太小瞧了自己！人的一生很短，你应该充分发挥你自己的能耐，而不是一辈子只在餐馆里端盘子”。

高莉莉的这段话改变了孙叔的人生，他从来都没想过自己这辈子想干什么，也没人跟他探讨过人生。与高莉莉的萍水相逢，使得孙叔第一次明白每个人的人生都有目的。

在高莉莉的鼓励下，孙叔开始投入到摄影行业中，他的第一个工作就是为来美访问的中国代表团进行拍摄。虽然没有挣到什么钱，但是他却非常开心。摄影成了孙叔的爱好，他将全部精力都投入到拍摄工作与学习中。

孙叔辞去了餐馆的工作，搬回了小布家，重新报名纽约市立大学，以摄影为副科，开始学习艺术。他从小就喜欢绘画，现在他将摄影与绘画融合在一起，开创了他自己独特的艺术产品。

他最后一次见到高莉莉是纽约的春天，高莉莉说这是她最后一次出国，以后她恐怕不会再随团做记者了。

高莉莉怀孕了，她准备正式辞职回家做家庭主妇。孙叔知道高莉莉的老公是国内一家著名国营公司的老总，早就不想再让高莉莉出来工作了。

“那你最后给我拍一组照片吧，把我最美的一面呈现出来！”，高莉莉说。

孙叔与高莉莉走遍了纽约知名的景点，在罗斯福岛和中央公园樱花树下拍摄了一组人物照。在镜头的高光里，粉色的花海中，高莉莉像一名出尘脱俗的公主，展示着她婀娜多姿的身段与靓丽的面孔。在粉绿色的背景里，高莉莉留下了她最美年华的倩影，雕刻在孙叔的记忆底片上。

这组照片的底片一直被孙叔保存着，成为他心底最美的记忆。高莉莉是他人生中的第二个贵人，将他领出了迷茫的人生旅途，就这一点而言，他一生都不能忘记高莉莉。高莉莉回国后就消失在茫茫人海中，随着岁月的流逝，最终彻底与孙叔断了联系。人生就是这样，有些人的出现尽管是惊鸿一瞥，也是为了给他人带来改变。很多年后，孙叔才明白这个道理。

三

大学毕业后，孙叔开始给不同的公司打工，做美术摄影或者设计。闲暇时，孙叔最爱的就是摄影，买了一辆日本车，到处开着去拍美景。他常常想到高莉莉，想到她带给他的那些快乐的日子。

孙叔的老乡老高忙着给孙叔张罗对象，说成功的男人一定是通过婚姻展现出来的。年轻的孙叔居然被老高忽悠得信以为真。说实在的，八九十年代来美国留学的中国男人找对象结婚实在不容易，首先出国留学的女生少于男生，其次是漂亮一点儿的女生基本上都名花有主，更愿意嫁给当地的美国人。因此，单身中国男生找到合适的结婚对象的可能性很低。

老高比孙叔大几岁，打着到美国读书的幌子到了纽约后就放弃了身份，一心打黑工赚钱，准备挣到了一笔钱后再回国娶妻。

到纽约十年，老高在一家中国人开的日本餐馆打工，从洗碗到端盘子，再到寿司师傅一步步慢慢升职。然而，他似乎永远没有挣到足够的钱回国娶老婆，更没有在纽约找到固定的女朋友。

老高最喜欢去曼哈顿42街时代广场看电影，还常常拉着孙叔一起去。记得孙叔刚认识老高不久，就被他拽到老时代广场的一个又脏又旧的影院里。等到孙叔进了电影院，才发现大荧幕上播放的都是色情影片。他目瞪口呆地看着银幕上正在做爱的男女，惊得下巴颏都掉了下来。他转头看老高，只见老高正坐在椅子里打瞌睡。原来，老高是这种电影院的常客，来的目的就是在犬马声色的陪伴下睡觉。他告诉孙叔说，买一张电影票可以在这里睡上一夜，做爱的声音还让他觉得不再孤独，真划算。孙叔环顾着电影院的空旷的四周，看到椅子上七零八落地睡着的几个无家可归的流浪汉，闻到时不时传来的尿骚味，感到心里憋屈的厉害。

老高有时会带孙叔去唐人街附近的一条隐蔽的街口，给四处游荡的阻街女郎五块钱，就一起消失在一栋破旧的老楼的楼梯深处。孙叔在报摊买张中文报纸坐在楼梯口，一个版面还没有浏览完，老高就从里面出来了。看着孙叔疑惑的目光，老高不屑地说，五块钱还能干什么，速战速决啦。

多少年过去，时代广场的色情影院早已消失，孙叔也与老高失去了联系，但当年老高还是在他脑海深处留下了强烈的印象，因为他的现任老婆阿丽也是通过老高认识的。

老高曾经与人合伙成立了一个移民婚介所，给人介绍对象，结婚拿绿卡。那时，孙叔已经大学毕业却找不到大公司的好工作，因为他没身份，只有一张实习一年的工作签证。老高便拍着胸脯说，兄弟，包在我身上！于是，老高收取了孙叔的一百美元介绍费，给他介绍了住在唐人街的广东剩女阿丽。

阿丽早年随全家移民来到纽约，有公民身份，但因为相貌平平，尚未找到对象。孙叔见了阿丽，觉得她既黑又瘦还矮，完全不符合他心目中的女朋友形象。那时，他是按照高莉莉的样子量身定做未来的老婆，而阿丽的形象与高莉莉根本是背道而驰。

阿丽却一眼看上了又高又帅的孙叔，觉得他从气质和谈吐都不是她周边的那些广东移民可以比拟的。于是，阿丽对孙叔奋勇直追，到孙叔租住的小屋洗洗刷刷，替他做饭洗衣。真是女追男隔层纱，身心寂寞的孙叔被阿丽的热情打动，跟她上了床。翻云覆雨之际，孙叔满脑子想的都是高莉莉，拿阿丽当了心中女神的替身。

他们刚完了事儿，孙叔屋里的电话响了，是老高打来的。“小孙，刚来了一个女大学生征婚，非常适合你”，老高兴冲冲地说，声音之大，简直震耳欲聋。

孙叔尴尬地瞥了一样身边的阿丽，看到她脸色霍然变阴，连忙说：“我不需要了，不需要了！”，就慌里慌张地挂上电话。

孙叔觉得尴尬极了，他刚跟阿丽上完床，老高又来介绍新人，让他觉得很对不起阿丽。这种对阿丽的歉疚让他做了一个决定，娶阿丽为妻。

多少年，阿丽对此都耿耿于怀，每次吵架都提起来，成为孙叔对她“不忠”的证据。后来，孙叔才从阿丽那里得知，老高的婚介所只有两位候选人，阿丽与孙叔。他各自收取了两人的一百美元，介绍彼此认识。后来，老高又收取了另外几个男女的钱，把他们不断推给阿丽和孙叔。

与阿丽结婚五年后，孙叔拿到了一纸公民，还有了一儿一女。生活如同涨潮的水不断漫上河岸，在夫妻两的忙碌中淹没时光与岁月。

孙叔成了专业艺术家，每年制作出大量的摄影与画相结合的装饰艺术品。从春季到秋季，孙叔都开着一辆面包车，载着这些艺术品不停地在美国东海岸的各个艺术节参展销售。美国是一个崇尚艺术的国家，几乎每个城市以及小镇都有自己举办的艺术节，让艺术家与艺术爱好者相互交流，销售艺术品。孙叔的作品价格每张都在千元左右，不贵却很漂亮，异常适合普通美国人家收藏。

小布是孙叔最大的藏家，十几年间买了孙叔的上百张作品。孙叔心里清楚，小布用各种方式在经济上帮他，买画是对他艺术生涯最大的肯定。

孙叔是个聪明人，他知道画画和卖画是季节性的工作，到了冬季，他就开始学着投资，在九十年代末期买了很多新公司的初期股票。他的眼光非常精准，买对了包括谷歌与亚马逊等四五家公司的股票，投资几十年中成倍增长。等到孙叔的一对儿女上了大学，孙叔的投资已经增长到几百万美元之多。因此，他两个孩子在私立大学的学费都是孙叔的投资支付的。

阿丽对孙叔的这些艺术及投资都不感兴趣，她一直在家庭护理公司工作，几十年如一日靠着几万年薪的薪水过活。但在阿丽看来，她才是家庭的固定收入，孙叔挣钱再多，也是自由职业靠不住。因此，阿丽与孙叔就像两条不同方向行驶的船，在精神层面渐行渐远。

每年到了樱花季节，孙叔都会去罗斯福岛和中央公园拍樱花，几十年如一日。在他的画作中，卖的最好的也是樱花。因为孙叔的樱花与众不同，即有摄影的写实，也有艺术的抽象，营造出来的气氛唯美浪漫。孙叔有时也会在画上题两句诗，像白居易的“樱花烂漫几多时？柳绿桃红两未知”。更多的时候，他会凝视着画作中的樱花，仿佛看到那年在樱花树下，他与高莉莉满身都洒满了樱花的花瓣。

这些年，孙叔变得越来越喜欢回忆过去，感觉他来美国的四十多年时光，就像樱花季一样转瞬即逝，留下的记忆如同满地粉尘般的落花，纷纷扬扬撒满了玻璃般易碎的浪漫。

（原载北美中文作家协会会刊《东西》第 266 期）

应太太纽约生存记

那只黑狗已经是第二次绕过街角，走过门前的玻璃门，那个跟在狗后面的男人疲态尽露。应太太面对门坐在缝纫机的后面，仔细地缝着手上的一件衣服，脸上的表情淡漠白皙地犹如冬去但春还未来的季节。从门口向外面的街道上望去，纽约冬天的阳光亮晃晃地照耀着，却微弱地没有一丝热力，如果伸出手去，大概触摸到的也是冷到指尖的寒意吧。

我在那个暮冬时节认识应太太的时候，她在曼哈顿上东城开了一家干洗店。这家干洗店就坐落在 78 街二大道 Food Emporium 超市的斜对面，一个小小的店面，临街的玻璃窗前是一台老式的缝纫机和缝纫机前面的柜台，往后走则是一间很小的工作室和厕所。连接后面工作室和前面柜台的是屋顶上悬挂着的一套流水线般的电动铁盘架，铁盘架转动起来时会将后面的衣服运送到前台，也可以将前台的衣服送到后面。电动铁盘架挂满各种各样洗烫好、套着透明塑料袋的衣服，等待着顾客前来取件。

应太太是一个身材娇小的上海人，带着一副金丝眼镜，显得文质彬彬的。那年，应太太应该是四十来岁，清秀的脸庞上总是带着一丝微笑。看到有朋友或者客人进来的时候，应太太就会操着带着一丝上海腔的普通话或者蹩脚的英文，微笑地招呼着。没有人的时候， 应太太就会在缝纫机的后面修改着好像永远也缝补不完的各色衣服。很多精明的纽约人常常在大甩卖的季节，购买一些自己喜欢的时尚名牌，有些服装即便不太合身也没关系，他们会拿到专业裁缝那里修改一下。年轻的白领付不起纽约专业裁缝的价格，便会把衣服拿到应太太这样的洗衣店来进行修改。

我认识应太太是因为她店里需要雇一个会讲英文、可以接待周边老美客户的店员， 经朋友介绍，我前去应聘。 我们两个一见面，就讲开了上海话。虽然，我离开上海已经几十年，但从小在那个城市长大而留下的上海烙印让我一见到上海人，就会本能用上海话热聊起来。我和应太太虽然同为上海出生长大，但因为不是同一个时代的人，上海话也有很大差别。我 1949 年离开上海去北平上学，上海话还停留在老上海时的腔调，而应太太则是长在红旗下，讲的是新时代的上海话。即便如此，不阻碍我们两个之间那种一见如故的默契。

应太太比我早来纽约几年。当初她刚来纽约的时候还不是应太太，而是唐人街牙科医生王医生的老婆。王医生是上海小有名气的牙医，八十年代中期正逢上海出国热潮，他听说美国的牙医能挣大钱，便靠着亲戚的赞助只身移民来纽约，想在纽约继续做牙医发大财。没想到了纽约才知道，要想做牙医必须考到从医执照，但他英文不好，考不下执照，只好在中国人聚集的唐人街开了一家地下牙医诊所，无照经营。王医生在纽约唐人街做了几年地下牙医，挣到了一点钱，原本按照当初的计划要把老婆孩子接出来安家置业。没承想，他与前来看病的一个年轻女病人发生了暧昧关系，就断了将老婆孩子接出来的念头。交往了一段时间，女朋友想办绿卡，便催着要跟已经拿到身份的王医生结婚。王医生转念一想，长途离婚不容易，而且还怕亲戚朋友说闲话，对小女儿不利，还不如把母女接出来后在美国离婚。 是，就马上给应太太母女办理来纽约的手续。 完全蒙在鼓里的应太太便高高兴兴地带着刚上小学的女儿一起来到纽约投奔两地分居了两三年的老公。

王医生到肯尼迪机场接到了初次来纽约的老婆和孩子后，便开车把她们送到了皇后区法拉盛的一家华人住户。应太太见到王医生时，虽然觉得先生变得有些陌生，但心里面还是满心欢喜，毕竟，这几年她一个人上班带孩子过得并不容易。现在，她来纽约与先生团聚，一家人终于团圆了。这几年在上海孤苦伶仃地做单亲母亲的苦日子也总算熬到头了。然而到了这家住户，看到了地下室的一间小屋子里面除了一张床什么都没有，应太太不禁感到纳闷。“我们就住在这儿吗？”她问王医生。“你们住这里，我不住这里”，王医生冷淡地说。望着应太太吃惊的表情，王医生才和盘托出自己已经有了女朋友，想与应太太离婚的全部想法。

听了先生的话，应太太如同五雷轰顶，半天缓不过神来。她做梦都没有想到，一家人好不容易团聚到一起，她先生居然提出离婚。更难以置信的是，从来没有出过国门的自己带着小女儿来到纽约的第一天，迎接她的就是先生与她的摊牌。那天晚上，应太太彻夜难眠， 看着身边无忧无虑已经熟睡的小女儿，应太太止不住的泪水一次次打湿了面庞。她后悔自己带着女儿匆忙来到纽约，更后悔轻信了王医生到纽约一家团圆的话。如果她早知道王医生离婚的打算，她根本不会带着这么小的孩子到纽约来投奔他。应太太在上海的一所重点中学教书，女儿刚上小学一年级，两个人在上海虽然孤儿寡母过得艰辛，但好在周围有亲戚朋友和邻居的照应，生活当然比纽约这个陌生的地方踏实得多。如今，到了纽约，人生地不熟，女儿又小，她自己还不懂英文， 这日子可是如何过得下去？！这样一想，对未来的茫然让应太太在伤心之余充满了紧张与担忧。在这种巨大的心理与精神的痛苦和压力下，应太太第二天就病倒了，浑身痛发高烧。应太太这一病就是一个星期，小女儿也没人照应。好在房东太太是一个很能干很富有同情心的台山老太太，她看到应太太如此惨景，便马上打电话给王医生，责令他要么过来照顾太太，要么买吃食每天送过来。王医生听房东太太这样一吆喝，不得已就叫人每天买了简单的饭菜送过来。 等应太太的病好了，房东太太马上想办法给她介绍工作，让她到她的台山老同乡开的洗衣厂工作。应太太的工作有了着落，心里面的苦减轻了一半。她开始埋头苦干，所有的心思都放在挣钱养活自己和女儿上。

应太太在洗衣厂做了几年分衣挂牌工，女儿则在附近的一所公立学校免费上学，日子慢慢地过得有了点起色。在这几年中，应太太与先生王医生离了婚，一个人带着女儿过。在洗衣厂，应太太通过别人的介绍，认识了台湾籍上海人应先生。应先生在洗衣厂做司机，工资比应太太高但没有身份，应太太有身份但收入少。于是，两个同病相怜、相互需要的人就结婚搬到了一起。刚开始，应太太对应先生还是防着一手，生怕他像王医生那样靠不住，拿了身份就离婚。没想到，应先生是一个大好人，不仅对应太太好，对应太太的小女儿也很好，俨然一副慈父的作为。他每天早上先开车送小女儿上学，再回来载着应太太一起去上班。下了班抢着做饭，让老婆和女儿早早地歇着。应太太被应先生感动了，便开始真心实意地与应先生一起过日子。两个人很快用攒下的钱买了一家干洗店，做起了自己的小本经营。在干洗店里，应太太主要做裁缝，接待客人，应先生则主干店里的力气活，如接送衣服等事。

我认识应太太的那年，她刚开洗衣店不久，正为扭转生意发愁。因为她英文不好，与周边的老美客人无法交流，因此，她就想找一个英文好的帮手，除了接待客人，还可以帮她打打下手。这样，我就在她的生活中出现了。那是九十年代初期，我因女儿的关系刚移民到纽约。换了一个新的环境，很多事情都不甚了解，都需要去适应，对于我这样一个已经五六十岁的知识分子来说，这个离乡背井的适应阶段比一般人更难。毕竟，在国内大学一直做英文教授，算是一个高级知识分子。忽然跑到纽约来，在一个洗衣店里做雇员，一切从零开始。那种与旧时代脱节，又与新时代对接的转折有点像做梦。梦中是一个世界，醒来的瞬间还觉得自己在梦中，好一会儿才能从梦里的角色和场景脱离关系。

我对纽约的逐渐适应时期是与应太太一起度过的，因此，我们两个之间有着一种超越普通人与人之间关系的感觉，更多的像家人。每天一清早，我就会来到上城的洗衣店，与应太太一起开店门，我坐在前面的柜台接待客人，应太太已经在后面忙碌起来。原来接到的活儿都是送往洗衣厂，有了帮手之后，应太太就买了洗衣烘干机放在后面的工作间，有急活的时候就在后面洗涤、烘干、熨烫和折叠。纽约的白领精英们每天上班都是衬衫雪白、西装笔挺，因此必须每天换洗衬衫，一个季度干洗一次西装。自己在家里洗烫的衬衫和西装是绝对达不到标准的，只有洗衣店才能把衣服洗熨到干净笔挺。所以早晚都是洗衣店最忙碌的时候。早上前去上班的男人们都会匆匆路过洗衣店，把要洗的衬衫和西装放下。到了晚上下班后，很多男人们在回家的路上就会先到洗衣店来取洗好的衬衫或西装。因此洗衣店的每天的工作时间都很长。早上一大早 7 点就开张，晚上 8 点才关门。有的人还要求洗衣店到他的住所去取他留在那里的要洗熨的衣服，并把洗熨好的衣服送到他的府上。这样送去衣服的工作就落到应先生的头上。有时顾客住得比较远，他还得开车送取衣服。好在洗衣厂派人派车送取衣服到店，否则应先生一个人是招架不住的。

我在应太太的洗衣店做了一年之多后，就到一家台湾人开办的语言学校教老美中文，算是操起我的教书老本行。但是我仍然与应太太和应先生保持着经常性的联络，应太太偶尔有急事的时候，我还会过去帮个手。

应太太因为女儿的关系，虽然与王医生早就离婚了，但还是保持着礼尚往来。尽管，王医生当初对应太太做得不仁不义，让很多亲戚朋友都鄙视他，但是应太太多年以后却不计前嫌地仍然让女儿与王医生往来。与应太太离婚后，王医生就与他原来的年轻女友结婚了， 但是他的这段婚姻并没有维持多久就离了婚。是新太太甩了他，嫁给了一个美国人。据说因为王医生抠门的程度让年轻的太太受不了，觉得与他在一起没有什么前途。

王医生的抠门是出了名的，就是在他的诊所，他都舍不得买全套的牙医器具，能将就的就将就。有一次我牙痛，应太太介绍我去王医生那里看牙，说他的价格便宜。我去了王医生那里被他设施的简陋吓了一跳。他的诊所除了一套病人坐的看牙电动椅之外，什么都没有。就是那电动椅也还是陈旧老式的，还不如九十年代北京医院牙医使用的椅子。最糟糕的是，他连漱口盆都舍不得买，用了一只脏兮兮的塑料桶来替代， 病人涮牙后就将嘴里的水吐在这个塑料桶里。看到地上的那个脏兮兮的塑料桶，我都觉得恶心，连牙都不想看了。 其实，王医生看牙的手艺还是不错的，可惜他那地下诊所的简陋与陈旧完全遮盖了他高超的技术。 据说，王医生的病人基本都是非法移民，他们没有身份更没有医疗保险，只能付很少的现金，到像王医生这样的地下诊所去看牙。 凡是拿到了身份，申请到医疗保险的移民，都不会再回到王医生的诊所去看牙。王医生是我极不喜欢的那种典型的消瘦而精明的上海男人， 讲起话来自以为是，喜欢谈的内容也基本也都是钱和物欲，与应太太的随和善良完全不同。

二婚太太弃他而去之后，王医生就变成了孤家寡人，除了到地下诊所看病，其他时间就是自己一个人过。他住在法拉盛的一家政府开办的老人公寓，房租低，生活压力小。王医生没有再结婚，不是他不想，而是看上他的女人不多。越来越多的新移民来到法拉盛，带来了新鲜的血液和时代的改变。曾经身无分文闯荡纽约的事情都已经成为过去，新来的移民再也不需要面对曾经老移民的悲哀。当然，王医生的客户永远是非法移民，随着中国非法移民的减少，墨西哥的非法移民却有增无减，因此，王医生的客户多了很多老墨。不过，王医生对老墨没有兴趣，他还是希望能够找到一个上海的老伴，给他做上海菜，陪他说上海话。真的是风水轮流转，年纪越来越大的王医生其实就想找一个像应太太那样的女人过后半辈子。当年被他抛弃那个老婆已经变成了过着他向往幸福生活的梦想伴侣，一个他过去鄙视，现在却想寻找的老伴。而对于应太太来说，当初做王太太的那个女人已经死了，现在的应太太已经是一个在纽约生活了二十多年的美籍上海人，虽然从未有过大富大贵，但生活过得简单而从容。有一个非常珍惜她的老公应先生，还有一个非常孝顺的女儿。应太太的女儿也已经长大，从纽约大学会计系毕业后就到美国大公司做了会计，十几年来一路升职到做到财务总管，结了婚生了孩子，在曼哈顿上东城过着上中产阶级的生活。当年那个跟着母亲住在皇后区地下室的女孩如今已经成为了曼哈顿的白领精英。

应太太在她六十多岁那年退休。她与应先生将洗衣店转手卖掉后拿着十几万美金回到上海买了房子，准备落叶归根，安享晚年。她上海的房子装修好了的时候，我正好回上海探亲，就住在应太太位于浦东的新公寓里面。我探亲回到纽约后不久，应太太就与应先生踏上了回乡的旅程。

原本我以为应太太会一直在上海住下去，没想到过了半年多，应太太又回到了纽约。她给我打电话的时候，我还以为她在上海给我来电呢。“侬哪能回来啦？”我惊讶地问。

原来应太太与应先生回到上海后，实在无法适应那里的生活。从上世纪八十年代到 2010 年，上海从经济、文化、时尚，甚至外貌上的变化已经不是很长时期不住在上海的人可以明白和理解的。他们所了解的旧上海已经荡然无存，而新的外貌上的金碧辉煌，内里的笑贫不笑娼的上海已经与他们脱节了不知道多少。我初次从纽约回到上海后的感觉，除了震惊还是震惊。虽然，我 1949 年就离开了上海，但是由于从 50 年代到 90 年代初期，一直不断地回上海出差和探亲访友，上海一直在我的视线里。90 年代初期去了纽约后，到 2000 年再次回到上海，我忽然感觉自己与上海好像在茫茫人海中擦肩而过的两个人，曾经熟悉的面目一晃而过，想起来的时候不过是似曾相识的感觉，很久都不知道那个人到底是谁。直到有一天夜深人静，忽然想起来了，便感叹岁月流逝的无情以及那个人的变化带给你的各种惊讶和叹息。上海街头喧嚣的车流人海以及满大街的名牌和不断涌动的时尚潮流，让我有一种恍然隔世的感觉。上海十里洋场重新又回来了，也夹杂着我不喜欢的某些习惯。在那个十里洋场的年代里，我不过是一个尚不谙世事的小孩，目睹了上海纸醉金迷罪恶城的各种怪现象，霞飞路上趾高气扬的外国人和汽车，各种欧陆风情的私家店铺， 街头小巷乞讨的穷人与白俄妓女，以及每天都看得到的冻死或者病死的尸体。在这些情景中长大的我对那个朱门酒肉臭的时代产生了深恶痛绝。如今，上海的繁华时尚再次席卷而来， 又恢复到过去的那种物欲生活，让我再次重温了当年的某些感觉。也许，应太太并不像我那样对上海的过去有所了解，她是在上海的五十年代度过青年期的，因此对上海的过去更多的是五十年代萧瑟的怀旧。应太太仍然带着对逝去的那个旧上海的简单理解回到上海，而真的住下去的时候才猛然发现，上海已经变得物质了，不再是那个几碟小菜一碗泡饭就可以打发的日子。所有的亲戚朋友谈论的都是炒股买房，见面都是下馆子，指望着从美国回来的应太太付账单。这时候，应太太怀念起纽约简单清静的生活，在纽约日子过得再清苦，也没有人会品头论足，大家都忙着做自己的事情，哪里有时间和闲情逸致成天聊天攀比。左思右想后，应太太和应先生卖掉了上海的房子，老两口重新搬回纽约。

回到纽约后，应太太学电脑玩手机，应先生则成了家庭主妇，每日忙着照顾应太太的生活。有一次我给应太太打电话， 接的正好是应先生。

“侬最近忙点啥？”我用上海话问应先生。 应先生也用上海话说：“吾现在忙 ma da suo“

“啥个 ma da suo？”我听不懂他在说什么。

应先生解释道：Ma xiao cai(买小菜)、da yi shang(汏衣裳)、sou vei(烧饭)啊!

听了他的上海话发明，我禁不住暗自发笑。不知情的人们都说应太太好福气，能有一个这么好的先生照顾她。他们不知道的是，这也是应太太的好脾气和善意修来的。很多女人遭遇了应太太早年的婚变，都会变成了怨妇，怨天尤人不说，对前夫绝对是在语言上赶尽杀绝。 而应太太的大度和宽容的心态让她的生活过得简单顺心。一直住在曼哈顿上东城，却很久都没有经过 78 街了，那天坐车去看医生的时候，正赶上堵车，司机就决定从 78 街绕过去。车窗外，应太太曾经的洗衣店缓缓掠过眼前，让我倍感熟悉和亲切。如今，这家洗衣店附近的超市已经变成餐厅，洗衣店本身也已经几度易手， 店名都换了几次，但是，它的外貌基本没变，让我一眼就认了出来。应太太曾经就坐在玻璃窗前的缝纫机那里修补着衣服，日复一日，随着时光的流逝度过每一日。她沉静的脸上没有不耐烦，没有哀怨，也没有火气，像一泓静水般地反射着生命中的点点亮光。黄昏时分，隔 townhouse 的住户的留声机会有时候播放一曲不知何年何月的曲子，顷刻，夕阳无限好的调子斜斜飘过，在空寂的窄街四周弥漫出一种欧陆的气氛。 在个小调里，应太太的洗衣店被时光拉成了慵懒沉浮的一个画面，在季节的变换中若隐若现。我又想起第一次来应太太的店面时看到的那只绕过街角好几次的大黑狗和跟在它身后的那个神色疲惫的主人。一晃这么多年过去了，他们不知是否还住在上东城。曾经的记忆因为应太太的这家洗衣店而熠熠如生，一个微笑浮上我在车窗后面观望的脸庞。我看到，一个妙龄女郎正牵着一只白色的哈巴狗经过那家店的门口。人生就是这样，生活不断向前，当旧日的过往生活像潮水般慢慢退远之后，新的日子才像岛屿一样逐渐清晰起来，闪烁出你真正的模样。

（原载《香港文学》2019 年第 3 期）

黑猫安德森

1

手机铃声再一次在公寓中响起，卧室里回荡着《奇异恩典》的曲调。原本静悄悄的公寓好像添加了一层说不出来的寂静，显得更加沉重。

黑猫安德森早已经醒了，它坐在它的 Kate spade 的鞋盒子里，绿色的眼睛瞟着卧室虚掩的门，神情紧张地等待着音乐铃声的消失。

《奇异恩典》已经不知响起了多少次，让安德森终于觉得寂静不再那么可怕。它已经习惯了在寂静的公寓度过大部分的白天时光。但是，像这样与公寓的主人凯莉一起在屋里，却听不到凯莉的一点声息时，安德森开始因这寂静而感到不安。

坐在铺着一层花布的温暖鞋盒子里，安德森努力回想着它最后一顿饭是什么时候吃的，凯莉是什么时候最后一次跟它讲话的。

它记得自己的猫罐头已经空了，小盒里的干猫食也只剩十几颗了。它最后一次去厨房看自己的饭食，不过就是今天早上。通常凯莉都是在早上给安德森一顿它最喜欢的罐头猫食，晚上给他一小盒它不太喜欢的干食。自从三个月大时，安德森来到凯莉的身边，日子已经过去了四年。四年中，它的饮食习惯已经固定，早上总是一罐新鲜的猫罐头食品，晚上一小盒干燥的小饼干。

早上安德森照例跑到凯莉的卧室里去叫醒主人，顺便提醒凯莉给它喂食。但这次凯利却一动都没动，一头散乱的褐发虚掩在她的脸上，让安德森有点不知所措。通常安德森跳到凯莉的身上时，凯莉即便在熟睡中也会醒来，抚摸着安德森毛茸茸的脑袋，轻声细语地跟它打招呼。然而今天早上凯利却没有像往常那样伸出手来它的头，她一动不动地躺在那里，好像安德森根本不存在似的。

安德森的思绪又回到了昨天。昨天的屋子也像今天一样静悄悄，早上它跳到凯莉在床上时，凯莉好像蠕动了一下。安德森在凯莉的肩膀旁躺了下来，似乎能感觉到凯莉身上的余温。

几个小时过去，凯莉依旧没有像往常一样起来给安德森喂食。安德森只好灰溜溜地从床上跳了下来，自己到厨房的盒子里去吃还剩下的一点点干食，然后走到客厅的窗台前跳了上去，望着楼下的街道。

安德森最喜欢坐在窗台上看着楼下街道上，来来往往的车水马龙。然而，半个多月前，街上忽然变得空旷起来，行人车辆都不见了。安德森感到好奇怪，然而，它依旧坐在窗台边观看着楼下街上的动静，因为除此之外，它不知道自己还能做些什么。

这天快到黄昏的时候，坐在鞋盒子里的安德森终于耐不住饥饿，再次跑到厨房的猫盒子那儿将盒子里的最后剩下的几粒干食吃完，舔舔嘴，几个健步跳到凯莉的床上，用脑袋去拱凯莉的头。以前，它肚子饿的时候，就会这样跑到正在电脑上工作的凯莉身边，跳上电脑桌，用头蹭着凯莉的脸和身体，提醒她去喂食。现在，安德森如法炮制，用自己毛茸茸的脑袋去蹭凯莉的身体和头。然而，凯莉依旧毫无动静，任凭安德森不断地在她的头上身上蹭。

看到凯莉毫无反应，安德森有点慌了，它用舌头开始舔凯莉的脸和手臂，感到凉森森的。安德森开始觉得不安了，它不断地用头拱凯莉，发出喵喵的叫声，似乎要把凯莉从梦中唤醒。公寓里的光线开始暗淡，黄昏的最后一道光正从窗帘半掩的窗户上溜走，很快，公寓就要陷 入夜幕之中。一房一厅的公寓都显得那么寂静，只听到安德森不断的喵喵声。

2

夜幕完全降临的时候，有脚步声在楼道里响起。害怕极了的安德森迅速冲到门口仔细倾听脚步声的来源，然后发出警惕的低吼。脚步声在公寓的门口停下，然后就是几个不同的男声。安德森听到了对讲机的声音，好像还夹杂着担架车滑行在楼道里的声音。“就是这间公寓，我们得把门砸开”，有个男声说道。他声音洪亮，底气十足。对讲机发出了浑浊听不清的回音，好像在发什么指令。

很快，公寓的门发出了门锁被凿开的声音。安德森吓得一溜烟地跑到凯莉的卧室，藏到床头板后面。

门锁被砸开了，安德森听到了几个不同的沉重的脚步声以及担架车的声音在客厅里响起。它全身缩起来，一动不动地躲在床板与墙之间的夹缝里。

很快，沉重而杂乱的脚步声走到了卧室，迅速地在凯莉的床前停下。几分钟的静默之后，有人在对讲机中说：“她已经没气了”。很快，担架车的车轱辘声进了卧室，有人将凯莉抬起来放到了担架车上。也许只过了十多分钟，也许过了很长时间，安德森已经失去了时间概念，它觉得好像已过了一个世纪。

脚步声和担架车的声音都远去了，公寓重新开始安静下来。安德森从床板后面爬了出来，再次跳到凯莉的床上。此时此刻，夜幕已经完全掩盖了曼哈顿，窗外远处的万家灯火开始亮起。床上已经空无一人，凯莉不见了，只有散乱的被褥还是像早上那样摊在床上。安德森忽然感到寒意，它匍匐在凯莉睡过的被褥上，眯着眼睛开始打盹。安德森的一项的策略就是无论遇到什么事，先眯眼打个盹，希望醒来时一切都恢复原样。就像以前，它每次傍晚等凯莉回家不耐烦时都会先打盹，等眼睛睁开，凯莉已经掏钥匙在开门了。这次，安德森也希望如此，等它再次睁开眼睛，凯莉又会像往常一样地在用钥匙开门。

不知过了多久，安德森再次睁开眼睛时，就听到门口的脚步声。它兴奋地睁开了眼睛，准备跳下床跑到公寓门口去迎接凯莉。

然而，这个脚步声好像有点陌生，不像凯莉的声音。安德森开始犹豫，不知道下一步该怎么办。正在它不知道如何是好的时候，有两个穿着纽约警察制服、带着防护面具的年轻男人进门来了，安德森僵住了，一动都不敢动。

其中一个年轻的警察看到安德森，脸上露出如释重负的样子。他微笑看着安德森说："猫咪，好可爱的喵咪"。安德森听得懂他在说什么，因为每次凯莉的朋友来家里的时候，都会说同样的话。有时候凯莉带它出去散步，路人看到安德森也都会说同样的话。

安德森抬头望着年轻男警察一脸慈爱的笑容，知道他不会给它带来什么危险，于是，它放松了警惕。

年轻警察慢慢靠近安德森。他的动作轻柔敏捷，在安德森还没有完全反应过来之前，带着防护手套的年轻人已经把它抓到手中。

接下来，安德森的记忆有点乱，它不知道自己怎么就被关在一个笼子里，被人带进车里。然后，又经过了一阵子的颠簸，不同手的交换，不同的声音有男有女，进了不同的车，然后又是一阵颠簸。整个过程中，安德森几乎吓破了胆，全身一动不动地缩在笼子的角落里。安德森完全失去了时间的概念，不知道自己到底被易手几次，换了几个地方。

安德森终于看到它熟悉的人时，已经是一天的傍晚了。笼子门被打开的时候，它听到一个熟悉的声音在呼唤它："安德森，你好吗？"

有一瞬间，安德森以为是凯莉的声音，它激动地忽悠一下站起来，钻出笼门。站在它眼前的却不是凯莉，而是凯莉的母亲。凯莉的母亲将安德森小心地抱住不断抚摸着它："可怜的安德森，一定吓坏了"，她说。

安德森放心了，因为它认识凯莉的母亲，马上有一种回家的感觉。它在凯莉母亲的抚摸下，发出舒服的咕噜声。安德森已经很多天拒绝好好吃东西，变得有些瘦骨嶙峋。因为紧张和恐惧，它好像并没有感到多饿。然而此时，在凯莉母亲的怀抱里，它忽然饿了。于是，它仰头看着凯莉的母亲，毛茸茸的脸上的几根银白色的长胡须在屋中的灯光下闪着光泽。就在这时，它看到凯莉母亲眼中的泪水，感到几滴温暖的泪滴落在自己的猫脸上。

它听到凯莉的母亲跟先生说："幸好找到安德森，不然，它会饿死的。凯莉生前那么疼它……哎，我可怜的凯莉！"

3

几天过去，安德森已经恢复了常态，它每天除了吃喝之外，就是蹲坐在自己的猫盒子里面，等着凯莉来接它。它似乎已经懒得去窗口张望，尽管凯莉母亲家的窗户比凯莉公寓的又多又大。

凯莉的母亲每天都打开电视看新闻，但却没有声音。画面基本都是纽约发生的新冠疫情以及死亡人数的报告。安德森有时候会坐在沙发上，呆呆地望着电视机里的画面，好像看电视似的。其实，它不过是陪陪凯莉的母亲，因为她常坐在那儿对着电视画面掉眼泪。安德森每到这时，就会爬到凯莉母亲的腿上匍匐在那儿一动不动，让自己温暖的身体缓和凯莉母亲的腿。以前凯莉伤心的时候，安德森就会 这样做，凯莉每次都会抱住它，把头埋在它的毛发里哭泣，凯莉的眼泪会透过安德森的毛发湿润着它的皮肤。安德森不喜欢湿漉漉的感觉，它会马上跑开一会儿，然后再回到凯莉的身边。

有时候，凯莉的父亲会轻声安慰自己的太太说："亲爱的，不要哭了，我们要想想如何为凯莉成立一个捐款基金，这么多人在疫情里失去了亲人，我们可以为他们做点什么，这样凯莉就没有白白死去"。

安德森不懂什么是死，也不懂的凯莉的父母交谈的内容，它每天只是吃喝拉撒睡，除此之外，就是在它漂亮的猫盒子里等待凯莉的出现。它记得凯莉给它这个猫盒子的时候，它还很小，如今它长大了，已经塞满了一个盒子。有时候，安德森会伸懒腰，盒子的边缘开始慢慢裂开，像是要被安德森撑爆了似的。安德森无动于衷，它只是想念凯莉。

有一天，安德森的父亲拿着当地的报纸给凯莉的母亲说："凯莉的事情上报纸了"。

凯莉的妈妈打开报纸，上面有一块小篇幅的报道：33 岁的纽约数字媒体营销分析师凯莉曾是一位救助流浪猫的志愿者，她因为新冠死于自己位于纽约布鲁克林的公寓里。纽约警察局得到她父母的报告后，前往凯莉的公寓将凯莉的遗体运走。凯莉的父母告诉他们自己的女儿有一只四岁的爱猫安德森。稍后，警察在凯莉的公寓里找到了安德森并把它带到了宠物收养所 ACC。通过扫描猫身上的芯片后，确认该猫就是安德森。经过 14 天的隔离，ACC 在另一名营救自愿者的帮助下将安德森带到凯莉的父母家中。凯莉的父亲说："这只猫对我们的女儿非常重要。对于 ACC 为我们家所做的一切，我们的感激无法言表。安德森不过是 ACC 收养的主人死于新冠的宠物之一。ACC 发言人表示：“当看到一只迷惘而恐惧的宠物被送进来，知道它们永远不能再回家时，真令人心碎。”

凯莉的母亲再次热泪盈眶，她拿着报纸的手开始不断颤抖。凯莉的父亲拥抱住妻子，让她埋在自己的怀里抽泣。

电话铃响了，凯莉的父亲拿起手机回电。安德森听他说：“目前因为疫情，我们还无法安排凯莉的葬礼，只能按照殡仪馆的规定，举行一个小规模的家人告别仪式。我和她母亲以及哥嫂会去跟凯莉告别，但其他人都无法参加。”

对方似乎在说着什么，但忽然凯莉的父亲声音开始哽咽，他下意识地撇了一眼安德森，说：“我不想谈凯莉，我和她母亲实在太伤心了。我们会以凯莉的名义办一个基金，帮助其他像凯莉一样因为疫情而突然过世的人们以及他们的宠物。”

安德森不明白凯莉的父亲在谈什么，但是一听到凯莉的名字，他开始低声喵喵起来，尾巴也开始不安地甩动。

凯莉的母亲赶紧抱住安德森安慰它说：不要怕，你还有我们。我们会像爱凯莉那样爱你的。”安德森的绿眼睛开始望着凯莉的母亲，她哭得已经红肿的眼眶溢满了泪水，看得安德森不忍触目。

4

在凯莉母亲家住了几天后，安德森再次上路，被送到凯莉的哥哥家。临行前，凯莉的母亲买了很多安德森爱吃的猫罐头。她一面爱抚着安德森，一面低着头，低声地跟它说着话：“我亲爱的安德森，我要把你送到凯莉的哥哥家里了。他们住在奥尔巴尼的一个小镇里，离开我们这儿大约有两个小时的车程。虽然我很爱你，但是凯莉离开后，我们太伤心了，无法好好照看你。凯莉的哥哥家里还有两只可爱的猫儿，你有了它们做伴就不会再感到孤独了。以后，我会去看你的。”

安德森用迷惘的绿眼睛看着凯莉的母亲，不明白她在说什么。这段时间来，安德森感到很孤独，那种失去爱的孤独。虽然，凯莉的母亲每天到喂猫食的时侯都会跟安德森说话，但是，她的眼泪和哀伤让安德森感到沮丧。它已经尽力了，但却无法安慰凯莉的母亲让她不再哭泣。其实，安德森心里也很难过。这么久了，凯莉都没有回来看它，难道凯莉不再爱它了吗？想到此，安德森心里面也充满着失落感。自从懂事以来，它就跟凯莉住在一起，除了对它照顾和关爱得无微不至的凯莉，安德森感到自己不会再爱上任何人了。

凯莉的哥哥和嫂子开着他们的卡车专程来接安德森，并没有带他们家的两只猫。安德森认识凯莉的哥嫂。以往几年，凯莉总带着它回到母亲家过感恩节和圣诞节，凯莉的哥嫂也会带着他们的两只猫前来一起过节。因此，安德森与凯莉的一家也都认识。

安德森被重新放进笼子，它没有挣扎，甚至都没有喵喵叫。没有了凯莉的日子，安德森开始变得安静，好像懂事了很多。它耐心地呆在笼子里，看着凯莉的哥嫂与凯莉的父母道别。他们在车道上拥抱，凯莉的母亲和凯莉的嫂子两个人相拥而泣了很久才分开。

纽约的四月初，空气里飘满春天的花香，风带着暖意吹拂在脸上，让人感到一种似曾相识的气息。大自然将纽约的春天装饰得依然美丽，但很多人却再也看不到这绿草粉花的美景了。

坐在后座位上，安德森沉默无语。汽车的音乐播放着《奇异恩典》这首歌曲，充满深情的女声在车里回荡着，勾起哥嫂二人与安德森关于凯莉的回忆。哥哥想起妹妹曾经在教堂唱诗班领唱这首歌曲，童稚的声音回旋在教堂的彩色玻璃窗里。嫂子想到与凯莉一起在纽约开车购物时，凯莉最喜欢哼唱这首歌曲。安德森则想起凯莉的公寓里，凯莉的手机铃声一遍遍回响着这个熟悉的曲调。

卡车开在前往纽约首府奥尔巴尼的高速公路上。公路上一辆车都没有，显得异常空旷。安德森不知道，纽约早已于一个月前封城，所有的人都开始居家隔离。道路两旁的树木一片嫩绿色伸向远处，几株樱花树急速闪过，粉澄澄的花开的是那么旺盛，宛若凯莉一闪而过的短暂人生。笼子里的安德森没有看到这些樱花，它还在想着凯莉。

（原载印尼《国际日报》2021 年 2 月 8 日）

44 个未接来电

王太太急病发作了，不仅头疼，还喘不上气来。情急之下，血压也陡然升高。闻讯赶来的女儿王家家见到这阵势，一边马上给母亲吃降压药和情绪安定药，一边马上打电话给街道派出所。对，不是医院，而是派出所。

一

王太太前年体检的时候查出患了高血压，一直在吃降压药。去年，王太太又患了焦虑症，医生给开了抗焦虑的药。如今，在北京这样的大城市，因各种原因患焦虑症的人越来越多，全城四处好像都潜伏着坏脾气的人。好在王太太这样的患者有一个关心她的女儿王家家，带着她去看了医生，检查出问题。而那些得了焦虑症自己却不知道的人，或者那些知道自己得了焦虑症却拒绝看医生的人则在这个城市到处流窜，给城市的生活增加各种紧张气氛。

这不，王太太楼上的一个老邻居是独身快 90 岁的李老太太，儿女很少来看她，因此她每天无聊的时候就给所有邻居打电话，骚扰人家。李老太太腿脚不方便，平时很少出门，每天的乐趣似乎就是拿起电话挨个给邻居家里打电话，人家要是不接，她就一遍又一遍地拨打同样的号码，让刺耳的铃声在邻居家的屋子里回响。几乎每天，整栋楼道里都会传出各家各户的电话铃声，此起彼伏，传输着李老太太的孤独和无助。

老一辈人说，这个李老太太曾是名报记者，还是作家，上世纪50年代被打成右派，分配在报社里打扫卫生，一干就是好几年。文革中又被批倒批臭，发配到河南明河的一个劳改农场监督劳动了七八年。上世纪70年代末右派改正，李老太太总算可以写书了，她老人家却得了神经官能症，发起病来要死要活。

李老太太的女儿早年来了美国，儿子则忙于经商，平时没空去看她。因此，李老太太的诉苦对象就转向了朋友和邻居们。京城里人都不把精神障碍症当回事，觉得人老了就感觉孤独，找人聊聊就行了。因此，这么多年来，李老太太的家人也没有带她去看过心理医生，更没有吃过药。

多年来，李老太太逢人就诉苦，讲述经历过的悲苦和不幸。刚开始，大家还表示一番同情，但一遍遍讲多了，人们就开始烦了。毕竟每个人都有自己的事情要干，有工作要忙，钱要挣，上有老下有小的，谁有闲情逸致听李老太太诉苦啊！如此一来，大家只要看到李老太太就绕道走，躲她就跟躲瘟疫似的。

这几年，李老太太早年在劳改农场落下的腿疾犯了，很少出门，街坊领居总算松了一口气，心想，这回好了，不用躲着她绕道了。没想到，李老太太见不到人了，却学会用电话麻烦别人。只要她拿到任何人的电话号码，就会打过去，当她的祥林嫂。于是，很多人只要看到是她的电话号码就不接。

虽然李老太太能打电话倾诉的人越来越少，但这并不能阻止她继续打电话。就算全世界的人都躲着她，李老太太也不在乎！打电话成了李老太太每天生活的原动力，似乎什么都不干，只要还有一口气就要不停地打电话。

二

王太太是李老太太楼下的邻居，也是李老太太报社的同事。刚到报社当编辑的王太太正遇上文革，亲眼目睹了正当年华的李老太太胸前挂着牛鬼蛇神的牌子站高凳上遭大会批斗的情景。口号声震天动地，王太太听得心惊肉跳。后来，李老太太住了一个月牛棚，群众监督，在报社当勤杂工了。几十年的风风雨雨过去，王太太也从小姑娘变成老太太，如同李老太太从当初的作家、打扫卫生的，变成神经官能症患者一样。

王太太与李老太太搬进一栋楼来住转眼也有 20 多年了。这幢楼原来是上世纪 80 年代文联机关分配给机关干部们住的公房楼，上世纪 90 年代政策改变了，容许买卖私房，于是，机关就通知每户人出钱将自己的公寓买了下来，这幢楼慢慢地变成了私家楼。

20 多年里，王太太经常与李老太太楼上楼下走动着，王太太做了什么好吃的也会惦记着给李老太太送一份去。

这些年，新的户主和租户来来去去不断更新，没有几个人还对过去的陈芝麻烂谷子再感兴趣了。世道变得真快啊，王太太常常在心中感叹着，转眼这个世界已是金钱主宰一切了，想当初的那些运动搞了这么多年，害了这么多人，到头来一切不都是浪费时间和生命嘛。也许，这就是为什么王太太对李老太太成天给人打电话这件事不像其他邻居们那样耿耿于怀。

去年，王太太得焦虑症之前，还特意上楼给李老太太送了一盘她做的手工水饺。她记得李老太太特爱吃茴香馅的饺子，便买了茴香、包了饺子给李老太太送去。包饺子的时候，王太太又想起了原来住在胡同的时候，院子里的那棵香椿树。当初他们为了盖小厨房，把那棵香椿树砍掉了。这么多年过去了，她每每想起那棵香椿树，心里就多少有些愧疚。她不喜欢茴香馅饺子，但是她每次包饺子的时候就会想起那棵生时不引人注意，死后也无人记忆的香椿树，毕竟那也是鲜活的生命。

李老太太见了她，感激不尽地谢了又谢，这年头能够记着她爱吃茴香饺子的人已寥寥无几。她一边沏茶留王太太多坐一会儿，一边又开始讲过去的那点陈年旧事。

“您以后少想过去的事情，也少给别的邻居打电话了。”王太太劝慰着李老太太。

“不是我要打电话！”李老太太回答说：“我那些老同学、老同事和老朋友要么一个个都去了，要么就是七老八十独自在家，我时不时给他们电话，就是要看看他们是不是还喘气呢。你说我这记性，越来越记不住给谁打过，给谁没有打过电话啊。”

李老太太又说：“不是我爱讲过去的人和事，而是这些记忆越老越清楚，估计是那些过去的人想让我唠叨。他们的一生都太不容易，总希望后人还记着他们。人到这个世上走一遭，谁不想留点念想呢？！”

“那您也可以再写书，写过去的那些事啊！”王太太说。

“过去的那些事儿怎么写啊？说真话还是说昧心的？说真话写了也无法出版，假话嘛也就没有必要写了。”李老太太抱怨着，她的头脑似乎还是足够清晰。王太太叹了口气，也是，她们这代人写过或者读过的书早被世人遗忘了。

自前年得了高血压，去年患了焦虑症后，王太太就不再敢出门走动，除了看医生之外，她基本都待在家里，跟每天来上班照顾她的小阿姨说说话。她也学会了用手机听微信读书，不是为听内容，而是作为每晚催眠入睡的方式。

身体不好，王太太也不能爬楼梯了。因此，她与李老太太的联系完全靠两家的电话座机了。

李老太太的电话照例每天都打过来，每次不讲过一个小时不会放下电话，王太太也随她去了。说实在的，像他们这样很少出门的老人家早被社会遗忘，没有什么新鲜事可谈了。

三

王太太的女儿给她请的安徽小阿姨跟楼里的邻居一样，把李老太太当成笑话讲，说每天没有听到楼里各户传出来的电话声，她就奇怪李老太太怎么了。

最近，李老太太的电话似乎变得越来越频繁。也许她认识的更多人都不再接她的电话了，因此她变得有点歇斯底里，每天的电话不断，像流水一样倾泻而来。

上周，有一个被李老太太的电话骚扰得不厌其烦的邻居终于报了警。王太太那天跟女儿一起去医院看病不在家，等她回来后才听满楼的邻居七嘴八舌地讲述报警经过。据说，警察来了之后，李老太太拒不承认她打过那些电话。警察只好把李老太太的儿子找来。

“哎呀，我母亲最近健忘症愈发厉害，根本都不记得自己做过的事情。她有时候连家人的名字都叫不出来啊。”李老太太的儿子跟警察和邻居们不断解释说。

王太太听了，心里一阵难过。

报警事件过去了一个多星期，李老太太沉静了很多，也不再给大家打电话了，大家总算都舒了一口气。

没想到，李老太太的电话再次响彻在王太太家的时候，居然如轰炸似的。凌晨 5 点不到，王太太被电话铃声惊醒，吓了一跳，还以为自己在梦中，又回到小时候在上海时国民党飞机来轰炸的年代，提心吊胆地听到飞机的轰鸣声响彻天空，吓得不知所措。她睁开眼睛才知道不过是南柯一梦。王太太听着电话铃声在客厅里不断地响着，想起她小时候的种种往事。在往事的闪回中，铃声好像时断时续，不知道响了多久。

早上起来，王太太就感到不舒服，偏头痛开始发作，连小阿姨从楼下买来的豆浆油条都没有胃口吃。待到小阿姨注意到王太太在早饭时间还躺在床上，连她买回来的报纸都没有看，便意识到不对。她瞧了一眼王太太的脸，注意到她脸上比平时苍白憔悴，还蒙着一层细密的汗珠。小阿姨急忙给王家家打电话，通报她母亲的状况。

30 多分钟后，穿着一身红色羊绒大衣的王家家坐着出租车赶了过来。看到王太太头发散乱地躺在床上，憔悴虚弱，紧张地问小阿姨："怎么回事啊？怎么突然就病了呢？"

小阿姨无奈地回答："我哪儿知道啊！"

家家一边给母亲量血压，测体温，一边问："妈，你怎么忽然头疼，不舒服成这个样子啊？"

王太太指了指隔壁的客厅，闭上眼睛摇了摇头。

家家明白她指的是客厅里的电话，便赶紧过去看，发现电子屏幕上显示出有 44 个未接来电，全是李老太太的号码，基本上都是凌晨 3 点到 5 点来的电话。

家家一下子火了，原来又是李老太的电话，而且还是半夜三更时分。就是平常人也禁不住这样的狂轰乱炸啊，何况一个焦虑症病人呢。

家家马上给附近的派出所打电话，说母亲遭到骚扰，又犯病了，叫他们派警察来协调。

与此同时，家家给母亲吃了医生开的焦虑症药和安定镇静剂，暂时控制一下母亲的情况。如果还是不行，她就要叫救护车来接母亲去医院。

王太太吃了药，开始昏沉沉地睡了过去。

家家马上跑到楼上李老太太的公寓门前，一边敲门，一边叫："您开开门啊，我妈都被您吓得犯病了。"

屋子里一片静寂，没有一点声音，好像门口是一个墓地而不是一个住家。

家家把耳朵贴在门上，一边仔细听着里面的动静，一边心里愤愤不平地想，这老太太，现在躲起来了，大半夜都干了什么！你活得不痛快，还要让周边的人都不痛快嘛！

不过一个小时，派出所的警察就来了，还通知了这个居民区居委会的几个老大妈一块过来。

家家愤怒地跟警察和居委会的人诉说着事情的始末："如果我妈这次有什么三长两短，我饶不了李老太！"

"你先别激动，我们等着她儿子过来再说。"一个年轻的警察安慰着家家说："正好，她女儿刚从美国回来探亲，过会儿一起过来。"

李老太太的儿子开着他的奔驰车载着他妹妹一起赶来时，正赶上警察和居委会的人都在敲李老太太的门。他们已经敲了好一阵子了，里面根本没人应声。

一个警察简单地跟李老太太的女儿讲述了一下情况，让她跟王家家沟通。

李老太太的女儿样子和态度都非常和蔼，上来先跟家家道声对不起。她说她在美多年，几乎每隔几天就给母亲打电话，只是电话费开销每月就很可观。

原来一肚子气的家家看到人家这么态度诚恳地道歉和解释，不得不挤出一丝笑容说："你妈不能再这样独身住下去了，她哪天会把这里住的所有人逼疯的。"

李老太太的女儿脸色开始凝重起来，说："我母亲吃了太多的苦，患了严重的 PTSD，就是创伤压力症候群，这么多年来还经常被批斗的噩梦惊醒，"李老太太的女儿极力抑制住自己的情绪，但声音已经哽咽着说不下去了。

家家开始觉得抱歉，毕竟她也听邻居和自己的母亲提起过李老太太的过往，心里也知道李老太太遭遇过的不幸。虽然时代变了，生活好了，但是那些被时代伤害过而患病的人则不能够随着时代的改变而彻底好起来。

家家轻声劝慰说："您别伤心了，大家都不容易啊。"

这时候，因为李老太太的儿子忘了带母亲的房门钥匙，警察和居委会的负责人决定破门而入，看看拒不开门的李老太太到底是怎么回事儿。

家家急着要回去查看母亲的情况，便匆匆下楼回家。

卧室里，王太太还睡着，呼吸均匀，气息平和，脸色也缓和了很多。家家放了心，心想她母亲半夜被电话惊醒，自然是没有睡好，现在让她好好睡一会儿吧。

王家家到厨房冲了一杯速溶咖啡，在公寓门口的客厅沙发上坐下来准备边看报纸边喝咖啡。

就在这时，小阿姨冲进门来，声音惊慌地跟家家说："李老太太死了！"

这个突如其来的消息让家家大吃一惊，她无法置信地问："怎么会？她半夜还给我妈打电话呢！"她急忙将手中的咖啡放在茶几上，去王太太的卧室看看她妈妈是否还睡着。她不想让患焦虑症的母亲听到这个消息。

小阿姨跟在家家的身后哭丧着脸说："就是半夜过去了，估计打了几十通电话后就不行了。他们发现她摔倒在电话附近的地上，身体都僵硬了。"

家家心里惊慌地想，肯定是李老太太半夜觉得不舒服给王太太打电话的，这 44 个未接来电居然是李老太太的求救信号啊！想到这儿，家家的心里添了几分不安和难过。她赶紧叮嘱小阿姨："这事儿千万别告诉我妈，她醒了也别提，行吗？不然，她会伤心的。"

小阿姨木然地看着家家，眼神里都是惶惑，好像她根本不明白家家在说什么。家家扭脸审视了一下仍在睡梦中的母亲，心里叹了口气。她不知道如何跟母亲解释李老太太的事儿，毕竟，跟李老太太走得最近的就是她母亲。想到李老太太，王家家心中大有兔死狐悲的感觉。

楼上断断续续传来了李老太太女儿悲切的哭声，哭声中饱含着难过、后悔和哀伤。家家又叹了口气，可怜的女人，做梦也没想到这次回来探亲居然是来给母亲送终的。

楼道里一片寂静，除了秋风吹过楼群窗口发出的哗哗声外，似乎只听得到断续的悲声。

秋日淡泊的阳光透过窗口射到王太太家的客厅，在王家家的红色羊绒大衣上投下窗棂的暗影。王家家坐在沙发上喝着她的速溶咖啡，想到从此以后，这幢大楼的楼道里再也不会有铃声刺耳地响起，提示着李老太太的存在，不知怎么，她居然感觉到内心有某种难以言述的失落。环视着客厅书架上落满灰尘的书籍，想到李老太与母亲的过往，王家家忽然悲从中来，忍不住的泪水充盈眼眶，顺着脸颊滴落在衣襟上。

（原载美国《侨报》2020 年 4 月 18 日）

少女安娅之往事

很多年了，有一段感情，安娅一直没有跟人提起过。这是多年盘踞她心底的一个隐痛， 如同她膝盖的风湿性关节炎，但凡阴天就感到不舒服一样。偶然，这个隐痛会在某一个酒后的某一个不为人知的时刻，神不知鬼不觉地突然冒出头来，像她的家猫一样在她的心里狠狠地挠上一爪子。

虽然，安娅在纽约结婚多年，跟美国老公和老公的孩子过着波澜不惊的平静生活 , 但曾经出生长大的南方城市和读书时代生活的北京，都不曾从她的记忆中抹去。有时候，与好友聊天时，几杯酒下肚，安娅会忽然想起某一段忘记依旧的故事，而那个故事中的男主人公李明磊就会突然出现在她的面前，还是他们高中时代的样子，一脸帅气地向她单纯地笑着，露出左脸颊上的一个很深的酒窝。

安娅的记忆于是自然而然地又回到了 1983 年，她在北京上初中三年级的那年。那时候，她是学校风头最劲的女生，学生会主席，三好学生，老师的萌宠。她身材纤细高挑， 容貌清秀、气质不凡，在女孩子中鹤立鸡群。安娅经常独往独来，那时候她不是很明白为什么，但是现在回头望去，她很清楚当时的自己那样一个外表漂亮，学习又好的女生其实是男生暗恋、女生嫉妒的靶子，因此，她的朋友并不多 , 更不要说闺蜜。

回想起记忆深处的往事，安娅对自己当时的表现有些不齿。那时候，她作为一个时代的好学生标兵，是一个被学校系统训练出来的机器人。她会严格地遵守学校和老师的规则， 对违规的学生永远是毫不留情地点名训斥，向老师汇报他们的违规行为。因此，安娅很不得人缘，有些被她告过状的同学更是恨她入骨。当时的安娅觉得自己这么做绝对没有一点错误，她年轻单纯，全心全意地将学校和老师交给的任务当成人生首要责任， 完全没有想到这些行为给自己带来的任何负面影响。

在班上同学们毫不留情的目光中，安娅经常看到一双充满微笑和温暖的眼睛向她瞥来，让安娅经常烦躁的心马上可以平静下来。那双眼睛的主人是安娅班上一个叫做李明磊的体育课代表。李明磊长得人高马大，是东城体校的专业篮球运动员和学校的体育全能冠军。按照现在的说法，李明磊是一个典型的运动型帅哥和暖男，他充满阳光气质的笑容和高大帅气的外形，让他成为学校很多女生倾慕和暗恋的校草。

安娅还清楚地记得那天下午放学后的情景。 那是个冬天的下午，黄昏的暮色已经涂满学校操场边上几颗光秃秃的树桠。下了课就一直在留在学校里完成学校黑板报的安娅正准备回家，他们校体队的一个男生忽然不知道从哪里钻出来跟她说：“李明磊在操场篮板哪儿等着你，想跟你说件事”。说完，那个男生就闪身不见了，留下安妮在原地发怔。

安娅心里清楚她也喜欢李明磊，尽管她从来没有跟李明磊讲过话。虽然，他们两一个是学校的校花，一个是学校的运动健将，但彼此之间就像两股交错而过的溪流，从来都没有交汇过。听到这个男生传来李明磊在学校操场的篮板那里等她这个信息，她的心开始突突跳动起来，如同情窦初开的少女。

从教学大楼到学校大门，中间隔着操场，是安娅放学回家的必经之路。平时，安娅回家路过操场的时候，都是快马加鞭匆匆而过，因为操场上的男生们经常向她行注目礼，有的时候甚至还有吹口哨的，搞得安娅心里很毛，根本都不敢朝操场的方向看去。而今天，安娅出了教学楼，就开始在黄昏渐起的暮色中往操场上看。早已经过了放学时间，教学楼里面静悄悄的，只有教务处那层楼里还有闪烁的灯光。安娅看到操场的远处似乎有人影晃动，但不知道是不是李明磊和他的跟班。安娅按住狂跳不止的心，向操场横穿过去。

想起来多少次，安娅路过操场的时候，都看到过李明磊和几个男生一起打篮球。虽然她每次都是正眼不瞧地绕着操场边走过去，但是她眼睛的余光还是能瞥见李明磊矫健的身影， 心里淡淡涌起初中少女对体育健将挺拔身姿的那种本能倾慕。不过，这种倾慕随着她离开操场就开始烟消云散，被她忘到脑后勺，直到下次再在操场上或者学校的其他活动中看到李明磊，心里再次涌起同样的感觉。她知道喜欢李明磊的女生很多，因此，她根本就不做他想。安娅来自一个知识分子家庭，从小就循规蹈矩，不喜欢跟一般人见识，因此更不愿意让人知道她内心的任何活动。知识分子家里出来的孩子都有一个共同的弊病，那就是内心的骄傲，这种骄傲不是自负狂妄而带来的，却是为内心敏感所建立起来的一道本能的掩饰墙。知识分子父母往往因为自身的学问和经历，一般都是对孩子在学习上严格要求， 希望他们掌握一门本事，甚至跟随自己的脚步在学术上有所建树。从小由这样家庭教育出来的孩子都不是内心狂野之人，相反都是内心敏感，行动谨慎的族类。他们往往内心骄傲，不愿意与社会同流合污，但在学校或者工作岗位上不得不随大流的时候，他们就开始学会与外界隔离自己内心的情感和想法，造成与别人的疏离，而给人一种清高的感觉。

当沉浸在思绪中的安娅眼看着就要走到篮球架子下面的时候，一个人影忽然从架子下面的暗影中闪了出来，正是高大的李明磊。他快速将手上的一个纸条递给安娅后就跑掉了。 一切都发生得那么快，让安娅回不过神来。她握着手上的纸条如同握着一把火一样觉得烧的慌。她有些想打开纸条看一看上面写了什么的冲动，但是她不敢。于是，她就攥着手上的纸条，掉头往教学楼走回去。

初中三年级时代的安娅，从小与她的父母在情感上疏离，就像典型的知识分子家庭一样。她在大学教书的父母永远是忙着单位里面的事情，就是回到家来也不闲着，不是改卷子就是准备教案，没有一天是闲下来的。因此，安娅和父母之间没有什么沟通。进入了青春期，安娅已经觉得父母与她相隔甚远，不管是学习还是生活，一家人虽然每天晚上坐在一起吃晚饭，她也不觉得彼此之间有什么可以聊的。因此，在学校遇到任何事情， 安娅都根本不会想到跟父母说起。好在一直以来，她因为学习好，受到班主任的喜爱，因此安娅宁愿跟班主任交心，都不愿意与父母谈话。

安娅的班主任余老师是一个三十多岁的男老师，非常欣赏安娅，让她做班长和学习委员。安娅在班上遇到问题，都会和余老师商量，时间长了，余老师就代替了安娅的父母和好友，成了安娅最信任的人。

此时此刻，手里攥着李明磊的纸条，不知所措的安娅第一个想到的也是余老师。安娅从来没有遇到过这种事情，因此她不知道怎么处理，尤其这个李明磊其实是她内心喜欢的一个男生，她更不知道如何面对了。按说，一般女生都有几个闺蜜探讨这种事情，但是安娅居然没有闺蜜，只有一个可以信任的班主任余老师。

推开班主任余老师办公室的门，一看余老师居然还在，安娅不禁舒了一口气，心也放下了许多。余老师看到安娅惊讶地问：“这么晚了，你怎么还没有回家？”

听到老师关切的声音，安娅心里一热，眼眶里居然有了泪花。她一直孤独惯了，很少与人交心，因此也很少受到关心。余老师对她的喜爱与关心一直以来是她心中的安慰，尤其在她彷徨的时刻。看到安娅眼里的泪花，余老师更加着急了，他赶紧又追问“发生了什么事情？”。

安娅将手中的纸条递给余老师，心情紧张地说“这是李明磊刚刚给我的”。

余老师眼光马上异样起来，用一种不可置信的声调说：“李明磊给你递纸条了！”

安娅更紧张了，问：“老师，我该怎么办？”。在初中三年级女生眼里，李明磊的纸条表示着他对她的一种异样情愫，这种异样的情愫让她也怦然心动，但是她真的不知道怎么处理。她把余老师当成了自己的闺蜜，真心想问问他自己该如何处理这样的事情。当然，作为班长向老师汇报问题的本能又让她将此事作为学校一直反对的学生早恋问题报告给老师，也求得自己心安理得。

安娅的紧张在余老师看来是一种张皇失措的感觉，他的理解是安娅厌恶李明磊的早恋举动，才跟他汇报李明磊。于是，他安慰着安娅说：“你不要紧张，不要思想有压力，一切都交给我处理就好了”。

安娅听了，没有再说什么。她并不清楚思想压力是什么，也没有觉得自己紧张，只是想跟老师请教一下这事情应如何处置。在这种情况下，她认为老师已经给她指示了，她就没有必要再说什么了。

第二天去上学，安娅在班上看到李明磊的时候，心里又是一阵乱跳。两个人双目相交的时候像触电一样迅速闪开。上第二节语文课的时候，有人敲教室门。语文老师打开门一看，是班主任余老师。余老师跟语文老师打招呼说他要叫李明磊到办公室去谈话。瞬间，所有同学的目光都扫向李明磊，有些同学的目光又扫向坐在后排的安娅，在这短暂而无声的目光扫射中，李明磊起身走出教室。他好像早有准备，如同往常下课一样，神色自若，不慌不忙。

安娅感到了班上同学们目光机关枪似的扫射，她无声中弹，心里满是伤痕。余老师居然会这样大张旗鼓地把这件本来很私人的事情用这种方式来处理让安娅意料不到，她知道这样也许会给李明磊优异的成绩和在校的表现带来负面影响，这是她绝对不愿意看到的。此时此刻，迎着同学们眼神里难以置信的表情、鄙视和不满，安娅感觉坐立不安。她知道，自己原本已经树敌无数，这么一搞，她绝对成为了人民公敌，以后难有立足之地了。

李明磊被班主任余老师叫到办公室训斥了一顿，遭到了学校的口头警告处分，并通知了家长。李明磊的父母都是大学老师，家教严格。他的父亲听说儿子居然做出这样的大逆不道的事，气愤交集回家把李明磊狠揍了一顿。

很快，这件事就传遍了全校，同学们有的幸灾乐祸，有的气愤不平。李明磊从此看到安娅就躲得远远的，那双曾经向像太阳一样充满微笑和温暖的目光也不再瞥向安娅，让安娅的心感到异常的冷落。这件事情的发生让安娅吃足了苦头，几乎没有一个同学愿意站在她的立场上为她申辩，大家一面倒地想向着李明磊，开始集体孤立安娅。从初三到高中毕业这段岁月，安娅觉得度日如年。她虽然仍然是老师们的萌宠，学校的好学生。但是，她因为出卖李明磊而被班上的全体女生孤立，没有人愿意再跟她往来。安娅成了孤家寡人，每天除了忙于学校的工作外，几乎不跟其他同学来往。原本就内心孤独的安娅变得更加孤立，她开始花更多的时间在学习和组织学生会的活动上。其实，这件事她也觉得委屈，她并没有想要向班主任告发李明磊，她明明是喜欢李明磊的啊。但是她无法也不情愿将心里的意思再告诉任何人，她只能将所有的歉疚和不安深埋在心底，让它随着时间的流逝逐渐褪色。

高中毕业前，班上举行了毕业聚会，安娅找了一个机会跟李明磊说了几句话，但她不知道怎样将埋在心里的愧疚告诉李明磊，而李明磊似乎也不知道该跟她说些什么，两个人只是无关痛痒地哈哈了几句就过去了。

高中毕业后，安娅考上北京语言学院播音系后留在北京上大学。大学毕业后，安娅的父母给她在南方老家城市的一个电视台找到了一个主播的职务，安娅就离开了北京，回南方老家的一个繁华城市做了电视台的新闻女主播。忙碌中的日子过得飞快，她在北京读书那些年的往事开始模糊，她也很少再想起她的中学同学，包括那个叫做李明磊的男生。

时间是最好的治疗师，随着岁月的流逝，安娅逐渐恢复了与班上同学的来往。有个女生私下告诉安娅，当年她们集体孤立她除了替李明磊打扮抱不平外，也很痛恨安娅的做法。“再怎么样，你不能把这事告诉班主任啊！如果你看不上他，可以把他让给我们啊！这一来，我们谁也都没有得到任何好处！”那个女生说。原来，她们班上大部分女孩子都对英俊帅气的李明磊深有好感，有几个甚至跟李明磊明里暗里表示过，但都没有的得到李明磊的垂青。当她们后来知道李明磊喜欢的原来是那个清高的校花安娅时，便偃旗息鼓，因为她们觉得从学习上和外表上，她们都不是安娅的竞争对手。没想到李明磊给安娅递条子后，安娅居然把李明磊告发了，她们就全炸了窝，觉得安娅太不地道。安娅听了，心里平静了的波澜又开始泛起涟漪。她特别希望有一天可以见到李明磊，跟他当面道歉。毕竟， 这些年过去了，大家都经历了人生，也成熟了许多，不再是当年傻傻的初中生那般不懂得如何处理这种事情。

就在安娅申请出国留学拿到签证之后，她接到了来自北京的电话，他们班的几个高中同学准备一次老同学聚会，希望她也来北京参加聚会。安娅听了开心极了，决定在出国之前一定要回京见见老同学们，尤其是李明磊，把这么多年堵在她心头的事情讲清楚。于是，她在电话里跟通知她的男生说：“别忘了通知李明磊，让他这次也一定来啊。”以前，安娅从来不敢这样自由自在地表达内心的想法，当了了几年电视台的新闻主播，她已经变得非常成熟开朗，再也不是当初什么话都藏着掖着的安娅了。

那个男生沉吟了一下，用一种难以置信的语调说：“你不知道李明磊已经死了？”

安娅听了震惊之极，瞬间感觉眼前发黑，仿佛有人在她的头上重拳相击。她感到心跳加速， 好像喘不过来气的那样不断吸气，仿佛是一条被搁置在沙滩上的鱼。她无法想象她刚刚听到的回答，更无法想象那个这些年一直让她无法释怀的李明磊居然已经不在人世了。

就在前年，李明磊居然患鼠疫去世了。当时他连续发高烧，去医院检查了很多次，就是检查不出原因。鼠疫已经是中国灭绝多年的疾病了，因此，所有的医生绞尽脑汁都无法想象出他居然会患鼠疫，即便他的很多症状与临床表现都与鼠疫十分相似。在多次检查无果的情况下，李明磊的病情越来越严重，便开始住院观察。等到医生们最终决定按照鼠疫进行治疗时，李明磊已经患病到了后期，所有的治疗都不再起作用，住院不到一个星期就去世了，留下了妻子和幼子。

安娅内心的痛苦无法诉说。不知道有多少次，她都想联络李明磊，将过去压在心底的歉疚告诉他，让她的心回归平静。而当她终于以为这次的同学会可以让她见到李明磊，了却心愿，没想到李明磊居然已经不在人世了。

李明磊的去世成为了安娅心底的一块隐蔽的石头，随着岁月的流逝变得越加沉重。安娅到了纽约后，经过几年捉襟见肘的生活和感情上的波折，已经不再是当年那个年轻气盛的高中校花和新闻女主播了。虽然，她依旧漂亮如昔，但是她心里面清楚自己的成长和成熟。

安娅的家在新泽西，每天通勤到纽约曼哈顿来上班。下班后，她有时会跟她的几个在城里上班的闺蜜到某个时尚餐馆见面吃饭，或者在酒吧里喝上一杯。在一次杯觥交错的夜晚， 几个女人热烈地谈到了过往的情感时，安娅忽然想到了李明磊，讲起了这段深埋在心底的情感。 这么多年来，这是她第一次跟外人说起这段被她埋藏了二十多年的往事。安娅的闺蜜听着她的故事，不断跟着她唏嘘不已。说到最后，安娅再也控制不住内心的悲伤，泪水奔涌而出。

她用纸巾掩面，任凭伤心的泪水不断顺着脸颊滴落。在那个时刻，安娅才知道，她对李明磊的歉疚和那段永不再回来的青春岁月已经成为她心底上最重的一块石头。这么多年来，她唯一希望的就是可以当面跟李明磊道一声抱歉，跟自己的青春道一声对不起。

（原载美国《侨报》2019 年 11 月 16 日）

失重

洗脸的时候，她想去拿放在淋浴间玻璃门后面架子上的洁面乳。早上她先生洗澡时，为图方便把洁面乳带进浴室的淋浴间。于是，她侧过身，一边伸手去够放在架子上的那筒洁面乳，一边想着她正在写的一篇小说中的一个场景。她经常这样，脑子想着一件事儿，手上做着另一件事，好像火车的惯性一样，停不下来。

好容易够着了洁面乳，她依旧侧身想从玻璃门里面到退出来。就在那个瞬间，她光着的脚被浴室地上的毯子绊了一下，身体就突然倾斜，重量失去了控制，瞬间，她像一棵被砍伐倒下的树，重重地摔了下去。这一切都发生在几秒钟的瞬间，她脑子里还没有从故事的场景切换出来，就惊慌失措地感觉自己的失控。她本能地伸手想抓住玻璃门，但是一切都已经太晚，她能感觉的就是身体在空中瞬间的失控，以及撞击在大理石地面上的冲击力。火光电石的瞬间，她好像看到自己倾斜的身体经过空气横倒下的慢速度，一脸的惊讶和措手不及，穿着睡衣的身体在倾斜时候被绷紧的肉。她一边看着、一边不满意最近埋头写书堆积出来的赘肉。如果轻几磅，她倒地的速度也不会这么快，冲击力这么强吧！

身体撞击到地面的霎那，她能感觉到冰冷的大理石地面的坚硬，以及肉体撞击地面时发出的抨击声。那个声音是那么轰然震耳，仿佛是一头大象摔倒的声音，砰的一声。她觉得这个突如其来的声音，如同雷鸣电闪，如同火车进站的鸣笛，响得她听着都心惊肉跳。她看到自己横倒在浴室的地面上，身体怪异地扭曲着，好像还在做着最后徒劳无益的挣扎！

她忽然想到自己的奶奶在几十年前她还未出生时，就是这么突然间地摔倒在她上海的家中，就此结束了六十出头的一生。等到家里人发现她的时候，她已经因突发性脑溢血死去，全身冰凉了。说起来，她奶奶的一生都是做一个上海留美教育家的全职太太，生了几个后来都成名成家的孩子，然后就以这么一个方式在上海五十年代的某一个早晨结束了不为人知的一生。第一次听到这段往事的时候，她禁不住觉得奶奶很可怜，怎么家里当时就没一个人呢？！她爷爷那时候在上海一家中学当老师，1949 年前，他曾经是那所私立学校的创始人和校长，五十年代的政治运动中被怀疑是国民党潜伏的特务而被贬为教师。据说，那天奶奶倒下的时候，爷爷正在去学校上课的路上。人生往往就是这样，在父母的万般期待中来到世界，又在一个莫名的瞬间不为人知的沉默中离开人世，最好的诠释了人生从辉煌到暗淡的全过程。倒在地上时，她脑子里居然还这样想着。

她摔倒在地上的时候，虽然发出在她耳朵里听来异常沉重的身体倒地的抨击声，但是在浴室外面的客厅里 她的先生却没有听到。他正坐在客厅的沙发上，一边戴着眼镜认真地翻看着微信里的内容，一边吃着茶几上放置的早餐。平时，他都是在厨房吃早餐，而这个周末的早上，他却赖在沙发里上边吃边看。他对手上的手机屏幕如此聚精会神，屋里的一切仿佛都不存在。一般，他都是在早晨起床的时候看一会微信，吃早饭的时候也是边吃边看微信，翻阅着各种新闻和佚事，这已经成为他生活的一部分，即使周末也不例外。很明显，他没有听到浴室里的声响， 也根本不知道妻子刚刚摔倒地上。 他全部的心思依然放在微信上。

浴室的隔壁就是儿子的睡房。周末的早晨，上高中的儿子虽然醒了，却没有起来，而是在手机上玩游戏。这个升级游戏他已经玩了一年多，几乎都已经玩到了最高级别，但是为了冲刺最后的几个级别，儿子已经变得废寝忘食。他全神贯注地玩弄着手上的手机，娴熟地进行着各种操作。他没有听到隔壁浴室发出的声音，眼睛只盯在眼前的屏幕上。

唯一注意到她倒在地上的只有她儿子养的那只白耳朵黑猫。黑猫飞快的奔到她的身边， 一边奇怪地探究她为什么倒在地上，一边在她脸上嗅着，好像是每天早上去叫醒她一样。 猫儿的胡须细长柔软，扎在她的脸上。猫儿的鼻子湿漉漉的贴在她的口鼻边，轻轻地舔了舔她的脸。然而，她已经感受不到平时猫儿舔她的时候感受到的痒感，她无力地注视着猫儿的身影， 看着它一脸的焦虑在眼前逐渐消失。

她感觉到自己仿佛升腾起来似的，飘忽到房子的高出俯瞰着眼前的一切。她看到客厅里面的先生依旧在微信上浏览新闻，脸上浮着笑。 他一定是看到了什么好笑的内容。于是，她听到他开始叫她的名字说：“你快来看看这个，简直笑死人”。往常，他看到什么好笑的内容都会叫她一起看， 此时此刻，他的声音飘忽在房子的一角，显得房子里面一片静寂。

她看到儿子仍然在床上，深陷在手机上的游戏里不可自拔。她平时最不愿意看到的就是儿子在手机上玩游戏，说了他很多次，但他依然如故。青春期的孩子就是这样，充满了跟父母对着干的荷尔蒙，总觉得自己是大人了，但是他们却不知道自己的很多行为在大人们看来仍然是那么孩子气。不过，她想到，自己是儿子这个年龄的时候不也是这样不愿意跟父母谈话，更不愿意不父母的后尘，对他们安排的一切都充满了厌烦。想到自己高中时代的时候，她禁不住轻叹了一口气。那时，她还在北京处于高考前最紧张的状态，而她却仍然放不下手中各种小说名著，常常不好好复习功课，却背着父母偷偷看小说。时光如梭， 转眼几十年过去， 她的孩子也上高中了，跟她当初一样，充满了自以为是的独立感。她目光温柔地注视着儿子好一会儿，眼神里充满了对他的母爱。她希望儿子上了大学后也，许就会明白自己此生的目的，而找到人生的目标和动力。

最后，她看到了浴室地上的自己伸长的躯体以及蹲坐在身边的猫儿，她忍不住叹了口气。 不知道，她的先生和她的儿子什么时候会发现她摔倒在地， 那时候他们会不会紧张？！。她仿佛看到先生慌里慌张地跑过来指责：“这么大人了还摔倒，你怎么会这么不小心？“ 她好像有看到儿子惊慌失措地望着地上的她， 试图把她从地上拉起来。

此时，她看到风从浴室窗子外面穿越而来，带来一丝清凉的空气。于是，她放眼望去，看到自己家的房子边上的玫瑰花园，那个她花了好几年才培育出来的各色玫瑰花园，有看到了她家客厅玻璃窗外的春风穿窗而入，进入她家的客厅，然后，又顺着客厅进入厨房，进入到她的卧室之中。春风里带着一股冬日少有的暖意，有点像饭后的清香，也有点像花开前的那种静寂以及泥土开始松动的味道，更像恋人的手佛在脸上的那种温柔。她很喜欢春天里的春风，从窗外飘进窗里，飘到她的书桌边，飘佛在她的脸上，带着久别重逢的温馨。她禁不住笑了， 好像又回到曾经的日子，感受到曾有的乡村式的那种宁静中的快乐。

也许很快，地区新闻就会报道说，一位母亲突患脑溢血去世，而家中的先生和儿子居然都没擦觉。那一刻，她忽然想起了她的一位女邻居，头天晚上睡下就没有再醒来，因心肌梗死在睡梦中去世，留下了一对还在上中学的儿女。人生，你永远不知道什么时候就是永别，最后一刻来临时，你或许才知道一切芳华都是刹那。

“妈，发生了什么？” 仿佛就是一瞬，她听到了儿子的惊呼，感觉到了他的双手来扶她起来时的温度。于是，她放心了，抬脸向儿子微笑。

她不知道，她的那个笑容在十八岁的少年看来有多诡异。

（原载美国《侨报》2019 年 7 月 5 日）

海伦的纽约

傍晚，他摔倒在马路街边的人行道上，一动不动，像一个大写的人字，就是那种纽约警察在发生凶杀案，挪走尸体之后，在地上用粉笔画出的现场的人形。

他看上去六十多岁，人比较消瘦，带着一顶鸭舌帽，围着红色的围巾，黑色的风衣有点上世纪的时尚，米色的裤子，脚上是一双老式的运动鞋。他躺在地上一动不动，殷红的鲜血从他的口鼻中流出一缕，不断细细地滴到他脸朝下躺着的地上。

马上，有人围拢过来，一个年轻的黑人女子，二十出头，一头波浪翻卷的黑色长发围绕着她姣好的面目。她穿着时髦的上班族的服饰，黑色的短裙，加拿大鹅的黑色羽绒服，黑色的丝袜与细高跟鞋。她马上拿出她的 iPhone X 开始给 911 打电话。

有个看上去是个知识分子的中年纽约人走过来，手里拿着一卷报纸。他弯下腰去问："你受伤了吗？"(Are You Hurt ?)

倒在地上的老者口中发出细微的声音，但在周边马路上来往车辆的嘈杂中，根本听不到。于是，知识分子将腰弯的更低了，想听清楚长者的话音。"他脸上都是血",911 电话上，年轻黑人女子在解释着眼前的情景。"他多大岁数？我问问。"

于是，黑人女子向地上的老者问话，弯着腰，头都快低到地上的知识分子在进行着传译。“82 岁，他 82 岁！”地上的老者无论如何都看不出 82 岁的模样，他打扮的虽然有些陈旧，但整整齐齐，消瘦细高的身材让他看上去绝对显的年轻。但他真的就是 82 岁了，所以手脚有些不利落了，不小心摔了一跤。

海伦从他们这些人身边走过去的时候，她听到黑人女孩仍然在电话上叙述着眼前的情景，地上的那个老者仍然一动不动，他一定是摔痛了。海伦看到他似乎想爬起来，颤巍巍的手几次微小但无功而返的试图，都被海伦看在眼里，她心里面充满了同情带来的痛楚。

路过的其他人看到地上的长者的周边已经有人在进行求助，就走开了。纽约人一般不喜欢围观，因为不仅不礼貌，还会给前来救助的人员添麻烦。海伦深知这一点，她也停止了目光的关注，迈步走开，步履蹒跚但充满小心。海伦昨天也是在附近的七十几街摔倒了。也是一个微雨蒙蒙的黄昏，雨停了，但天也开始灰暗了，让本来就因为下雨而积压的阴云布满的天空显得更加暗淡。

海伦原来是跟着她的家庭护理一起去超市买东西。回来的时候，护理手上提的东西太沉，于是先快步回去，嘱咐海伦不要着急，自己慢慢地走回去。

海伦的膝盖痛了好多年，早年在文革下放时候落下的风湿病和膝盖磨损随着年龄的增长，变得越来越严重，她几乎都无法抬腿走路了。一转眼，海伦来到美国已经近三十年了，当初她刚来的时候，还在一家语言中心给老外教授中文，每次都喜欢步行，节省路费又锻炼身体。虽然，她的膝盖痛已经很多年，但都被海伦置之度外，毕竟在国内经过文革下乡的劳改，海伦已经对身体上的小病小痛毫不在乎了。比起那些死在干校的老同事和老朋友来说，她能健康活着，而且后来又搬到纽约生活已经是了不起了。

尽管，海伦的膝盖到了她八十多岁的时候已经让她感到力不从心，步履蹒跚，但有时她还是忍痛出门办事，觉得有护理跟着，总没有问题。护理拎着大袋小袋的物品离开后，海伦慢慢地在马路边的人行道上走着，小心谨慎地绕开路上看得见的任何形式的坑洼。没想到，地上的一个砖缝还是让海伦的脚踩到了，她好像看到了砖缝，原本想抬腿迈过去，没想到，腿并不如她期望的那样抬起，而是一步踩到了砖缝，让海伦失去平衡而摔倒。倒在地上的第一瞬间，海伦马上在心中检查自己的腿脚是否还可以动。她活动了一下腿脚，觉得没有痛感，还可以动，说明自己没有摔坏。于是，她马上试图挣扎着站起力，但是腿脚根本不停使唤，无法站起来。她感觉自己更像一个沉甸甸的大面口袋，摔倒后想要拎起来，需要外力作用。

就在海伦倒下去的时候，一个白人中年女性在马路对面看到，马上匆匆地跑过马路，关切地问："Are You OK？要不要叫救护车？"

海伦连忙摆手摇头说不要。她知道自己没有摔坏，所以只要能站起来就可以再走动。中年女性把海伦摔倒后甩出去的手提包拿到海伦的身边，似乎犹豫地看着海伦，想着是否要打 911 叫救护车。这时，人行道上的一幢高级公寓的守门人看到海伦倒在地上后，也赶紧跑出来帮忙。他是一个穿着制服的年轻人，不过三十出头的样子。他轻轻问了海伦说，他可不可以扶她站起来，海伦点头。年轻人很有经验地走到海伦的身后，两手紧紧抱住海伦的腰部，使劲把她从地上半拉半抱地抻了起来。 看到海伦站住脚，年轻的看门人才慢慢松手。

海伦心里充满了感激，如果不是那个年轻人，她双腿根本就没有力气把自己从地上站起来。于是，她谢过年轻的看门人和那个中年女子，慢慢地又踏上了回家的路。其实，海伦摔倒的地方与她住的公寓不过隔着几个街口，正常人几分钟就会走到，而对海伦来说，几分钟的路可以被她走到半个多小时。

海伦边走边感激着刚才的那两个好心人，尤其不是那个年轻人的话，她恐怕还要在街上躺着呢。她忽然想到她北京的一个老同事，出门也是像她这样摔倒后，周边围了一圈看热闹的人，就是没有一个人出手相助。老同事只好打电话给正在上班的儿子，等到儿子好不容易开车赶到之后，她已经在街头躺了近一个小时，还要忍受着边上围观者的闲言冷语。此时此刻，从刚刚摔倒的老者身边走过，海伦不禁又想起了昨天自己的遭遇，看到老者周边帮忙救助的年轻黑人女性和中年知识分子，海伦知道她不用担心了，纽约还是好人多的地方。

上得楼来，收拾好东西，海伦在窗边从住家的窗户往下面看。虽然刚才，她已经听到了救护车呼啸而来的鸣笛声，知道了那个老人会被安全送往医院。不过她还是看了看下面，以防万一。刚才的马路边上的人行道上已经空无一人，老者，年轻的黑人女性和中年的知识分子都杳无踪迹，只有路边一滩湿漉漉的水告诉海伦刚才发生的事情。看来，前来救护人员不仅把老者送往医院，还把路边上的血迹清扫干净，留下水迹的形状，在车辆闪过的灯光中反射着微微的光泽。

海伦舒了口气，抬起头来，黄昏已经降临在远处的楼宇，将通往下城的街道和两边的建筑涂染成淡淡的黄晕。自从住到这个老年公寓以来，同样的景色海伦已经看了十几年，但是，她还是感觉到光线漂亮。于是，她向远处隐约闪现的教堂顶端望去，看到建筑的海洋将黄昏的光晕逐渐吞没在慢慢上升的雾气和暮色中。虽然，她远离从小出生的家乡，但她的家就在纽约，每每想到这一点，她就感到内心暖洋洋四溢的温情。

（原载美国《侨报》2018 年 5 月 12 日）

中奖

纽约超级乐透奖积累到 16 亿美金的大奖吸引了全美国人的参与，甚至在遥远的中国，也有人按耐不住内心的骚动，开始跃跃欲试。

晓莉看到一个她倾慕的学姐在微信上发布群购奖票的消息，便马上用红包转了 150 人民币过去，学姐不是说一股两美元买一个梦想吗，那么二十美元可以买十个梦想了。

晓莉常常看到学姐在朋友圈发布在纽约生活多年的各种信息，从代购的衣服、化妆品到灵性学习、旅游应有尽有。她已经羡慕得直流口水，恨不得插翅飞过去，也像学姐一样过着快乐的生活。可惜，她只是一介白领，在京城里打工过着每月 5000 人民币的月光族生活， 光是为了在京郊买一间小公寓都花费了父母一辈子的积蓄和自己全部的存款。这次看到学姐的发布的群购消息，她被打动了，赶紧就微信红包了二十美金价值的人民币，期望这个群购可以成功。

睡了一觉醒来，晓莉已经看到了学姐发给她的奖票照片，才知道这次连她在内一共五十八位女人一起买奖，奖票购买总价高达一千多美金。晓莉禁不住激动万分，觉得这次靠谱。一千多美金呢，折成人民币比她一个月工资都高。

“这次一定会中奖的！”晓莉坚定地回复学姐：“我们纽约见！”。信息发了出去，连晓莉都惊讶自己的信心。纽约是她梦寐以求的地方，但她从来都没有想到自己有一天会有财力飞去旅游，但是此时此刻一个大奖就让她信心燃烧，也太让她惊讶了。

“中了，你就可以坐私人飞机过来啦”学姐半开玩笑地说，可听在晓莉的耳朵里，她觉得那就是一个上天的预示。

晓莉马上给在昆山的父母打了个电话，报喜道：“妈爸，这次如果我中奖了，我就马上在北京买个大房子，您老两口一起搬过来跟我住。”

晓莉的父母一大清早接到女儿的报喜，激动得泪水盈盈，觉得自己养的女儿太靠谱了。万里迢迢到美国买了奖票就是为了老两口啊！ 虽然，晓莉的父亲一直不相信买奖票的这种事，但心里面还是为晓莉的孝顺感动。

第二个电话晓莉本想打给自己在外资企业工作的男友，但一转念又打消了这个念头。 如果她晓莉中了奖，也许未必跟这个男友在一起。这几年的交往，男友一向自恃在外资公司工作的地位而压着在私营企业工作的晓莉，让她心里面很不爽。“妈的，”晓莉心想，如果咱中奖了，也分一点给他，不过，要让他知道外资企业工作再牛，也成不了百万富翁，到末了，他还是要佩服我晓莉一回！

上班时，晓莉一直在兴奋度过。她想象着自己的团购中了大奖，五十八个娘们都成了百万富翁，她晓莉就可以马上辞职不干了。她一直梦想着开一个自己的音乐咖啡厅，按照最艺术的感觉请她心仪的艺术大师布置起来，让她的几个姐们都一起来干，一起开开心心做自己喜欢的事情。多少次，她们在一起抱怨自己的工作，老板和男友的时候，晓莉就想如果我有了钱，就一定要让几个姐妹都脱离苦海，不再生活在抱怨的负能量中。如今，想到自己离开这个梦想的目标只有一步之遥，她心里面乐开了花。

整整一天，晓莉都在设想着如何花这笔钱。除了父母之外，她还想到乡下的外婆，那个从小把她一手带大的外婆。 我要给外婆全村重新修路，开办小学和中学，让那儿所有的孩子都可以免费上学。想到此，晓莉简直要笑出声来。

下班坐地铁回家时，路过那个几乎每天都会在天桥下弹吉他的小帅哥，晓莉再次驻足倾听他的吉他独奏。曾几何时，会弹吉他的男孩子在女孩子中有多吃香啊！当年，她妈妈的初恋对象就是她学校里唯一一个会弹《外婆的澎湖湾》的男孩子。 那个男孩子初次登上学校舞台表演吉他独奏《澎湖湾》后，几乎全校的女生都开始暗恋他，而这个男孩居然只看上了晓莉的妈妈。虽然晓莉妈妈的初恋最后无疾而终，她还是嫁给了在机关单位里做公务员的晓莉爸，但是妈妈跟她说过的初恋故事却深刻地烙印在晓莉的脑中，挥之不去。 每次路过这个弹吉他的小帅哥，晓莉都会给他的琴盒里放上五块或者十块钱，但今天，她却毅然决然地放下一百块钱。

晚上，晓莉躺床上的时候，心里感觉自己从来都没有像今天这样过得这么充足。她看了会儿书，便微笑地进入梦乡。梦中，她看到自己如同母亲年轻的时候，挽着那个天桥下弹吉他的男孩子的手一起坐飞机去纽约。

（原载美国《新州周报》2022 年 8 月 4 日）

布要管剪刀，只能找石头

武汉的老吴是个牛人，牛到什么程度，从他敢于起诉给他开罚单的警察交通大队一事就可以看出究竟。

那天老吴骑摩托送货，在一条街上遇到交通大队的警察拦截，说他违反两轮机动车禁行标志。

老吴送了一天货已经累的半死，就催警察少废话赶紧开单子，他先要回家吃饭睡觉。警察开了套餐罚单，老吴拿了就走，半句废话都没有。

第二天，老吴就去法院起诉了交通队。他根据法院发的起诉材料模板，花了二十分钟填好，打印出来后就去法院递交，支付了五十块钱的起诉业务费。

在老吴的起诉书上，他指出：警察拦他开罚单的程序违法，因为协警没执法权，而警察没穿好制服，没戴帽子，停下他时没给他敬礼，也没跟他说明违法事实，更不听他的申辩，总之，老吴投诉实体违法如执法依据不清，事实不明，证据不足，滥用执法权等等。

老吴事后理直气壮地跟我们这几个哥们解释说；“禁摩不是法，你说我违反两轮机动车禁行标志，你指我看看禁行标志在哪里？你执法现场没有，凭啥说我违法？你哪个大队的？搞快点，老子要回家做饭、吃饭、睡觉”。

老吴这招高明，他直接去法院起诉给他开单子的警察交通大队，因为大队的法人就是大队长，天眼查一下就找到大队长的名字。

老吴这一起诉，警察大队上的法制科就马上打电话来和解，取消扣分不说，还退了罚款。

实话说，老吴已经是第三次靠起诉翻盘了。为什么呢？老吴发现，一个大队被起诉太多，就会提高应诉成本。一个案子他们至少要去两个人，副大队长和法制科员，陪起诉人在法院里坐三十分钟。如果他们大队开的单子多，那副队长和法制科员就可以直接住在法院了。再者，如果一个大队背负的起诉太多，顶头上司会觉得这么多交通大队，怎么被起诉的老是你啊？那这大队长脸上就不好看了。

老吴的目的不是起诉交通大队，而是通过诉讼本身讨回公道。他很清楚他永远不可能诉赢，但诉讼本身会帮他拿回罚款和扣分。因为他深知一个最浅显的道理：一个行政执法单位的民诉案件太多，会被扣奖金的。

这样通过起诉与交通大队的一来二去，老吴与大队的警察都熟络了，发展了好几个警察客户，时不时地还会骑车去上门送货。

老吴甚至还免费给骑摩送货员开班，教授他的秘诀，让警察大队给他们开出的每一张套餐罚单，都变成他们大队长的法院传票。老吴说：我们骑友要共同努力，无限拔高他们的开单成本，并且和他们的利益绑定！记住：布要管剪刀，只能找石头。

（原载美国《新州週报》2022 年 8 月 4 日）

虾龙糊

冷泉镇是纽约上州的一个富饶小镇，依着哈德逊山谷，傍着奔涌向海的哈德逊河水，山清水秀的环境以及新鲜充满植被味道的的空气，让很多在纽约市区里上班的华尔街人士都会到这里买房置地，每天开车到位于镇上主街的火车站，把车停在车站，然后坐前往曼哈顿中央火车站的通勤火车去上班。

冷泉镇的主街 (main Street) 是镇上做热闹的地方，从西南向东北方向的一条窄小的街道上布满了各种店铺，吃喝玩乐应有尽有。每个周末，主街上都充斥了来此游玩的游客，尤其春夏和秋天这样的旅游旺季，街上店铺里更是挤满了游人。不过，自 2020 年纽约疫情爆发以来，冷泉镇主街封闭了近乎一年的时间，没了生意和游客的冷泉镇主街马上变得一个空荡荡的萧条。2021 年重新开业后，主街的生意开始慢慢恢复，但是游客少了许多，生意也一落千丈。

在主街的一个不起眼的角落开了一家叫做「Best」的好佳中国餐饮的外卖店，小小的店面里面只有几张桌椅供人们坐下吃东西。

这天下午，中年人郑河一脚跨进好佳外卖店的时候，迎面就看到了正在忙碌着接待客人的李丽。李丽眼睛瞥见了郑河的时候，手上正忙着给一份外卖打包，她一面微笑地跟郑河用中文打招呼“帅哥来了！”，一边把包好的外卖递给柜台前的一个老墨客人，双手麻利地数着钱，装进柜台上的收银机里。她微笑着用英文跟老墨说着谢谢的同时，已经把菜单貌似顺手、实为刻意地递给正在郑河前面排队的一个美国白人女孩。在做着这一系列动作的同时，还颔首向郑河这边说：“好久不见啊，大哥”。

“可不，一晃几年了！”郑和点头称是。回想起来，最后一次来这里，还是五年前他和老婆到冷泉来玩儿。

“今儿吃点什么？还是虾龙糊？”

郑河一怔，但立即随口说：“虾龙糊吧！”这道菜名在郑和心里蓦然荡漾起一圈圈看不见的涟漪。

“一份虾龙糊！”李丽转头用温州话跟后面厨房正在热火朝天地炒菜的掌勺吆喝了一通。转过头来，李丽招待老乡一样热情地跟郑河说：“里面先坐吧，我一会而您端过去。“

好佳外卖的店分里外间，前台在窄小的外间，用来让客人排队点外卖和收钱，而同样不大的里间则隔离出来用来坐饭堂，摆着三四张桌椅，墙上挂着一面平板电视机，播放着当日的新闻。坐在靠右墙的一张正对着左墙上的平板电视的桌子边，郑河一边环顾四周，打量着周边的没有食客的空落的桌椅和时不时端茶送水的小伙子，心里面忽然感觉感慨起来。

看上去，好佳外卖店几乎没有什么大变动，除了端茶送水的小伙子之外。郑河是看着小伙子长大的，从他蹒跚学走路的婴儿时代，看着他一点点长成在两个外卖间跑来跑去、讨食客厌的小男孩。如今，很多年不见，小伙子居然已经人高马大，个头超过了他妈妈李丽以及他父亲，在厨房做大厨的掌勺。可不是，郑河在心里面一算，小伙子如今十八九岁了，正是青春正旺盛的年华。

郑河忽然想到自己第一次来好佳外卖店的时候， 不也是二十四五岁，比如今的小伙子大五六岁而已。 那时候，他还住在他前妻父母位于冷泉镇上的一家老房子里，每天在地下室埋头作画，饿急了的时候就跑到镇上的好价外卖店买一份虾龙糊。那时候，好佳外卖是一位温州老板开的，二十出头的温州女孩的李丽在里面做柜台小姐。所谓外卖店的柜台小姐就是收银员，兼做厨房打下手的帮厨，以及收拾碗筷的服务员。冷泉镇上的中国人简直是凤毛麟角，李丽初次看到郑河的时候也是吓了一跳。她从来没有看到过这样的中国男人，个头清瘦，长发及腰，满是刺青的手臂上挂满了各种美国印第安人做的那种银手镯，叮叮当当地随着郑河的动作发出悦耳的响声。

得空闲聊的时候，李丽知道郑河原来是画家的时候，便跟他说："你也给我画一幅像吧？"语调充满了仰慕的祈求。李丽不过小学毕业，在国内打了几年工，就跟着蛇头偷渡到美国。她几年打工挣的所有钱都用来还给蛇头支付她偷渡来美的盘缠。她知道画家是画画的，但是她不知道郑河并不是一个在街头画像的中国画家。

郑河听了李丽这样说，但笑不语。他心里面想李丽应该跟很多国人一样不懂的他画的可是美国七八十年代崛起的后现代抽象画。郑河八十年代在苏州上中学的时候就开始画抽象画，那年头，中国改革开放伊始，文化与艺术还停留在后文革的时期，画抽象画的画家寥寥可数，郑河那时候用他的好友的话来说就是"走在时代的前沿"。郑河报考苏州工学院的时候一鸣惊人，以本科考试第一的成绩考上油画系。原本郑河前途可望，但大学二年级的时候，他认识了在南京大学读中文系的美国老婆，便放弃了读书跟着她漂洋过海来到了纽约，住进她在冷泉镇上的老家。初到纽约，郑河第一件事情就是跑到曼哈顿的美术馆和画廊看了一溜够，花了他从中国带来的所有的钱买了十几本他喜欢的艺术家画册。郑河雄心勃勃地准备进军纽约艺术圈，开始了夜以继日的作画阶段。

您的虾龙糊来了。一把清脆的声音打断了郑河的思绪，他抬眼一看，原来是李丽亲自端着盘子给他上菜来了。郑河赶紧客气地结果盘子，连声道谢。

一晃二十多年过去了，李丽还是如初见的时候一样清瘦，仿佛岁月完全没有在她身上留下过什么痕迹。她一如既往的梳着马尾辫， 笑脸如初，二十年未变。郑河却变化的厉害， 原来的长发剪短了，两个胳膊被黑色的长袖衬衫覆盖着，也遮盖住了他两臂的刺青。虽然，他比以前胖了些，但依然是消瘦型的。最大的变化是他的气场，从原来的霸气外露变成了低调随和。

“好久不见”，郑河说，“你儿子都那么大了”。

“可不是，岁月不饶人啊“，李丽笑道。

两人寒暄了一会，聊了些各自的近况，李丽就急忙回到前台去了，正好是午餐时候，排队买外卖的人陆陆续续开始进来了。

郑河低头吃着盘子里的虾龙糊，这才注意到，李丽把原来的小虾仁换成了几只大虾， 应当是特意犒劳他的。当年他最喜欢吃的就是好佳外卖的虾龙糊，一盘颜色粉白带淡黄的鸡蛋与虾子做的滑溜糊糊看上去真的有点龙虾肉的样子，让他这个水边长大的南方人一解思乡之苦。这么多年过去了，好佳外卖的虾龙糊仍然是老样子，一点都没有随着时光的流逝而改变任何，让郑河心里面充满了温情。这个世界变化太大，尤其他的家乡变得连老家的房子都给拆了，更不要说人了。这么多年，曾经的好友很多都失去了联系，甚至变成陌路。此刻，在走遍世界的角落之后重新回到好佳外卖，一切却如同时光胶囊般被凝固，就是这一碟虾龙糊都是一模一样的，让人不觉得岁月从这里经过。其实，郑河已经多年没有吃虾龙糊了，甚至记忆中的这道菜记忆开始淡漠。他每次去中餐馆，都是直接点龙虾或者螃蟹，而不是貌似龙虾的虾龙糊。但此时此刻，再见虾龙糊，他依然感觉亲切，虾龙糊好像标志着他在冷泉小镇上的那段人生，充满了往事的回味。

郑河边吃边想，二十多年过去，他人生转了一圈又回到起点。当年的那个意气风发、誓言要闯入纽约艺术圈的的年轻画家好似一个过眼云烟。等到他真的进了艺术圈，在纽约最酷的当代艺术美术馆与画廊轮番展出过后，他反而抽身而退，毅然下海成为商人。如今，闹哄哄过了大半生之后，他又重新杀回艺术界，埋头创作不同路数的油画。回首往事，他的人生改变如同他的婚姻，结了离，离了又结，老婆最后都成了别人的，只有孩子都是自己的。想到此，郑河噗嗤一下乐了。也许，命运自有它的安排，他只需要照本宣科地跟着命运的指引而转就行了。

郑河吃完走出好佳外卖里间的时候，看见中午的阳光正好照在李丽的脸颊上，将她的脸映的红彤彤的。看到郑河准备付钱，李丽笑着说，哎呀，郑大哥，我们好久未见，算我请了。其实，她心里想说的是，郑河真会折腾，人生过了二十多年，他居然能够再次回头重操旧业，不像她一成不变。李丽想起来心里也很感慨，过了这么多年，她在好佳外卖从小妹做起到今天已经是老板娘。当年的温州老板十多年前退休时，把店转卖给了李丽。这些年来，李丽就是靠着这家店还了债，结了婚、养了孩子。现在两个孩子都大了，经常轮流帮着她看店，这样她就可以和大厨老公一起去欧洲玩、回国转，日子也过的轻松起来。 原本以为这样的日子就是风轻云淡地不错，但此刻再次与郑河见面聊天，忽然感觉到了自己一生的局限。

生意怎样？没收到疫情影响吧？郑河顺口问道。他的几个在曼哈顿开高档日餐和中餐厅的朋友都因为疫情的影响而最终不得不关店。

李丽神秘地笑了，低声对郑河说：“疫情以来，我们反而赚了更多！”原来，疫情开始封闭以来，冷泉镇以及周边的美国人不会做饭的都靠买外卖度日，因此，好佳的外卖爆火，每一天都是接不完的订单。

“哦？”郑河吃了一惊。真是风水轮流转啊，想不到好佳外卖居然因为疫情火了。

我画了一张你的肖像，郑河跟李丽说。李丽惊讶地看着他，不明就里。

二十多年前，李丽确实跟郑河讨过画，还把自己在家乡照相馆拍摄的唯一的一张照片给了郑河，但郑河从来都没有接过这个茬儿。没成想，郑河到底给她画了。其实，李丽不知道的是郑河疫情期间搬家整理旧物时，居然翻出了李丽的那张青春美照。看着照片上满脸笑容灿烂的李丽，郑河忽然想起了二十多年前初识李丽的时光，想起了好佳外卖的虾龙糊拯救了多少次他饥肠辘辘快要饿晕过去的时光，心里面泛起回忆的柔情。毕竟，那些时光中藏着他一去不复返的青春与梦想。于是，郑河将他的对往事的心情把当年没有画的那副像重新用创新的技法画了，如同画了自己人生的岁月。画面上，冷泉镇的美丽风景隐隐成为背景，前景的李丽幻化成一个穿着旗袍的美少女，眼神扑簌迷离地眺望着远方。近看，画面布满了各式各样色餐斑斓的彩快，而远看，依稀的风景与梦幻美人赫然清晰地出现在眼前，让人惊艳。疫情后，这幅画一个纽约艺术大展，卖给了一个藏家。郑河要送给她的就是这幅画的限量版画，只有一张，是他给李丽专做的。

郑河把那张镶了银色镜框的限量版画递给李丽说：原作很大，限量版做的比较小。

版画是全彩印在金属板子上的，很特别。李丽看了，爱不释手。虽然，她觉得照片上的美女并不是特别像年轻的自己，但是，她能够感觉到自己的青春的影子闪烁其中。

李丽伸手抚摸着金属的版面上的自己，心里面荡漾着说不说来的感动。如果可以，我可不可以跟你订一张全家福，多少钱都成。李丽冲口而出。

郑河眼睛里闪烁着感激的光彩说：当然可以啊！

疫情两年，郑河只卖了一张作品，虽然价格不菲，但是对要同时负担家用开销以及纽约画室开销的郑河来说，这一笔钱只勉强够支撑他的开销。此时，李丽的订画让他意外地卸了压在心里的担子，他心中的感激无以名状。

还好，我们都渡过了这个吓人的疫情，还好好活着。李丽感叹着。

郑河终于泪盈于睫。他的一位比自己还年轻几岁的好友最早患了新冠去世，还有熟悉的一位同龄画家在疫情期间患了癌症去世。不过两年时间，失去两位朋友和熟人，郑河心里面隐藏的伤痛被李丽的这句话触及到，他的感慨全在泪中。

李丽的眼眶也湿润了，她想起了去年因车祸在皇后区去世的姐姐，想到因为疫情连最后一面都没有见到，也无法举行追掉会让亲友们送姐姐一程，她的心就开始作痛。

在冷泉镇主街上的好佳外面店里，两个曾经相识的天涯冷落人相对而泣，那种蕴含在空气中的感伤令人动容。

李丽回想着自己过去的二十多年，她在这家外卖店从收银打杂做到老板的单调经历。人的一生不过如此，到了她的年龄，忽然感到物质的一切已经填不满心中的空虚。同样的二十多年中，眼前的郑河虽然过的艰辛，但却随心所欲。纵然他的人生不过走了一个圈，重新又做回画家，貌似浪费了其中的时光。但是，在李丽看来，郑河的人生比她过的有意思也，有趣儿，虽然一直活在人生的边缘，但至少什么都尝试过了不留遗憾。相形之下，她的人生大半在好佳外卖渡过，世界再精彩，她也没看到。 想到此，李丽决定，今年一定要抽时间去度假，到美洲大陆与欧洲转转，不枉费她在纽约居住这么多年的时光。

郑和走出外卖店的时候，阳光已经开始转成夕光。他眯着眼睛看着沐浴在夕阳光照中的主街大道，以及投掷在地上的树木的灿烂光影，心里充满了温馨。夏季马上就要过去，秋天即将来临，冷泉镇很快就会变成金黄与红色的世界。那时，来看秋景的游客一定会再次汇集这条依旧有几百年历史的主街。他忽然想起小时候看的一本外国小说，时光不断向前，埋葬了旧日的种种，为的就是打开眼前的新世界。想到此，他迈步走进夕阳铺设的道路，看着自己的影子在路面上拉长，将口袋里的墨镜拿出来戴上。在太阳镜滤成茶色的景物中，郑河的心情忽然变得大好。

（2022 年 7 月改于纽约）

执念

林姐瞥见那个背影时，心蓦然跳跃起来，速度之快，让她感觉呼吸得似乎都有些艰难。

她在人行道上停下脚步，死死地盯视着那个一闪而过的背影，任凭二月的寒风从脸上掠过，吹起她的一头已经花白不少、但又疏于漂染的头发，动也不动。

从纽约二十五街三大道的街头望去，林姐像一座雕塑，死死地矗立在三大道的人行横道上。停在红灯后面的车流像一股股蓄势待发的洪流随时就要冲过闸门，冲向她所在的位置。从她身边不断过马路的行人也偶尔地用眼光撇向这座雕塑。好在纽约是个见怪不怪的城市，人们匆匆而过，没有几个人有时间在意别人的事情。

好像过了几分钟，又好像过了不过几秒，林姐蓦然又回过神儿来，紧着迈动着脚步，追随着她方才盯视的背影向前疾跑。

很快，她追上那个背影，气喘吁吁地叫着："林旭，林旭！"

她的声音挺大，在二月的寒风中飘荡起来，更显的有点突如其来，不仅那个背影停住了，背影边上的同伴也站住了，甚至几个擦肩而过的行人也被这突如其来的中文吼声惊得扭头看来，以为突发了什么事情。

林姐根本没有注意到其他人，她的眼光紧盯住那个回头的背影，脸上露出惊喜的笑容。

那个被叫做林旭的人回过头来，是个二十多岁戴着黑色口罩的亚裔男孩儿。他看到林姐的瞬间脸色突变，回过头去疾步如风地躲开。原本跟在他身边的混血女孩也追随他而去。

林姐不明就里，急忙跟在林旭的身后，紧跑慢跑地跟着，生怕被落下。

就这样跑了不过半个街口，前面的一个身影突然停了下来，转身拦住林姐。林姐气喘吁吁地意识到，这个身影就是刚才的那个混血女孩。

“嘿”，那个女孩用英文说 :“Stop following us(别跟着我们了）！

林姐的眼光越过女孩，看到林旭又向前跑了好一段，过了街口的红绿灯才回过头来，远远地注视着这边的动静。

看到林旭在不远处站住不动了，林姐松了口气。她一边擦着额头上渗出的细密汗珠，一边对那个女孩用带着厚重的中文口音的英文说：“他是我儿子，他是我儿子！”

女孩子用冷淡甚至不屑的眼光看着林姐用英文说 :“他说他不认识你，不要再追了！”

不认识？林姐愣住了，她感觉自己听错了，再次用蹩脚英文叫嚷着：“林旭是我儿子！”她一边叫，一边扯下自己的口罩喘气。

那个戴着黑色口罩的女孩厌恶地退后了几步，说：“他的名字是 Jason，他根本不认识你！”说完，她转身跑开，朝着远处的男孩跑去。

林姐愣在原地不动，脑子里回味着刚才听到的声音，把耳朵里听到的话再翻译成中文！他不认识我？怎么会？我是他妈啊！她的脑袋里回旋着这句话，但到了嘴里变成了没有自信的嘟囔声。

林姐做梦也没想到，她居然会在曼哈顿的中城街头碰到儿子林旭。她最后一次见到儿子，还是 2019 年的夏天，在儿子当时打工的夏令营门口。在这儿之前，林旭已经跟她断了联系，不再回她的电话和邮件。她只能不断打听儿子的下落，到他工作的地方去堵他。每一次，她好不容易找到儿子，儿子便马上更换新的工作地点。

新冠疫情爆发后，纽约陷入半停滞状态，林姐不停地想到儿子，惦念他的一切。她至今都不明白林旭到底为什么与她失联。

差不多是 8 年前，林姐把 16 岁的儿子林旭从上海接来纽约上高中。为了让儿子有一个更好的环境读书，林姐退掉了住在曼哈顿唐人街狭小的单间公寓，到纽约郊外一个富裕的小镇上租了一房一厅，为的就是能够让儿子上那里的公立学校。她已经打听好了，纽约城里的公立学校质量都不怎么样，最拔尖儿的公立学校一般都位于近郊的好学区。虽然好学区的住房一点儿都不比曼哈顿便宜，但为了儿子的将来，林姐还是毅然决然搬到郊外。

林姐的工作是给住在曼哈顿的富人家帮厨做饭。搬到郊区之后，她每天需做通勤火车从郊区回到曼哈顿上班，很不方便，但是林姐想到儿子，宁愿自己每天交通麻烦一点，也不愿意让孩子受委屈。

好在林旭也很争气，到了这边的高中，只在学校为外国学生开办的英语班学了半年，就赶上了其他同学的语言水平。林夕在上海上中学时，就是优秀生，到了这边的学校，他的数理化更是优越于其他美国同学，很快就成了班上的荣誉学生，受到老师和学生的喜爱。

看到儿子在学校的成绩名列前茅，林姐终于放下心来，觉得当初自己搬家的决定是对的。

但林姐没想到的是，虽然她提供的硬件条件对儿子来说是还不错，但软件质量却不是儿子所满意的。

“你来美国也有十几年了，怎么英语都没有学会多少？” 林旭问过林姐几次。每次学校开家长会，林姐都不能够与老师进行流畅的沟通，都要靠林旭“二次转达”，跟她说老师的意思是什么。尤其学校和老师来的邮件，林姐更是一头雾水，每一次都由林旭代笔捉刀进行。时间长了，林旭便变得很不耐烦，常常忍不住质问他母亲为什么不好好学英语。

林姐在国内曾是中学语文老师，先生是中学的数学老师，因此儿子从小学起就得天独厚，在语文和数学上都得到了父母的帮助，成绩一直名列前茅。

到了纽约，林姐的语文技能变得毫无用处，她只能靠做家庭保姆赖以生存。在纽约十几年，她从一名身份低微的家庭保姆一直做到有钱人家的厨工，从中国人家做到美国人家，薪水一路提升了十几倍。虽然十几年来，林姐的英文听力从一名白丁提升到已经听得懂日常生活用语，但是她不会写，不会读，是一个英语文盲。

每次听到儿子质问她的英语，林姐就气不打一处来。“你懂什么？我在纽约十几年，过惯了苦日子，却存了 10 万块钱，你以为挣钱很容易吗？很多土生土长的美国人银行里不过就是几千块而已”。林姐忍不住斥责道。

“钱又不能解决一切！”林旭不满的嘀咕。

“哎，你说的到轻巧！没钱你能在纽约活下去吗？我告你说吧，在美国，钱就代表一切。一个人的身份地位还不都是靠钱来体现出来的嘛！”林姐理直气壮地说，脑子里闪过她做过工的那些富人家高层豪华公寓里可以鸟瞰及眺望的曼哈顿高楼大厦与天际线的玻璃落地窗，红砖洋房里宽敞舒服的开放式厨房，金碧辉煌的欧式古典家具。

“那这么说来，你十几年抛夫离子，到纽约生活就是为了挣钱不成？”林旭也激动起来，年少却俊秀的脸庞泛着红光。

林姐听得出儿子对他的不满，于是，她不再吱声了。林姐心里自然清楚，她在儿子五岁时离开上海到纽约谋生的原因根本不是为了赚钱，而是为了要摆脱她的婚姻。

林姐年轻的时候相当漂亮，只是家庭条件不好，一直无法在大城市落户。在农村插队时，她认识了来自上海的一个也姓林的男知青。为了拿到上海户口，林姐嫁给了他，两个人一起办病退回到了上海。

十几年前，林姐在上海认识了一名高职位的老干部，成了他的地下情人，风生水起得过了好几年舒服日子。但好景不长，老干部因贪污受到审查，于是便让他的部下给林姐搞到了一本护照，送她去美国以遮掩耳目。

回想她这十几年在纽约的生活，林姐有苦说不出。她在纽约也有过几个情人，但都是有妇之夫。混来混去，赚了一些钱后，林姐才想起她在国内的儿子，把他接到美国来读高中，准备待他毕业找到工作后，靠儿养老。

林姐嘴上跟儿子说他攒了 10 万块钱，其实，她有两个不同的帐号，每一个帐号都有 10 万美金。她不愿意跟儿子说她具体有多少钱，怕的就是儿子知道后乱花她的钱。

林姐没想到，这么多年没见儿子，双方变化都非常大。在她看来，生活在上海的儿子都被他父亲和奶奶惯坏了，手机和电脑都是苹果最新版，连球鞋都是名牌，这些都是林姐从来都舍不得买的。而在林旭的眼中所看到的林姐，已经变成一个混在中国移民中，英文文盲的过气中年妇女，穿着打扮都是国内三线城市的标准。时光就像一把杀猪刀，杀死了他眼中曾经朝思暮想的母亲，还给他一个思维落后，气质粗陋的陌生女人。随着林旭因为学习成绩的进步，在学校越来越受欢迎，他在想法行为上与林姐就愈发渐行渐远。

日子就这样在母子生活的缝隙间潺潺流过，将他们两人逐渐分隔成两个沙滩，慢慢形成两个不同的岛屿，但两人对此却浑然不知。

报考大学时，林旭听从老师建议，报考了哥大和纽约大学。林姐一想到私校的学费就马上紧张起来，“我可没有钱付学费啊”，她对儿子说：“你要自己想办法自己挣奖学金”。

林旭当着母亲面虽然没啃声，但在林姐身后，他给了母亲一个大白眼儿。林旭其实早就从银行的英文来函中知道母亲有 10 万现金在银行，只是他装作不知道而已。他从来没有想过花母亲的积蓄，但是听到林姐用这种紧张兮兮的腔调跟他讲话，感觉母亲对他的防范，便暗暗发誓不用林姐的一分钱也上大学。

林旭的老师知道他数学好，便建议他考会计系，因为以他的数学成绩可以拿到全免奖学金。林旭虽然并不喜欢做会计，为了确保能拿到奖学金，不花母亲的钱上大学，他只好听从了老师的建议，但他心里从此跟母亲就有了裂痕。

林旭考上了纽约大学，拿到高额奖学金，外加纽约政府的助学金，学费总算全免了。林姐激动地逢人就说她儿子的丰功伟绩，像祥林嫂一般。这么多年来，林姐终于有了让她自己值得骄傲的事迹可说，顿时感觉蓬荜生辉，有面子了。林旭冷眼观察着这一切，心里面充满了对母亲这种小家子气的鄙视。他上大学完全凭的是自己的本事，靠的是奖学金，而林姐说出去，却全是她的功劳。这使林旭对她更加不满。

林旭在上海与父亲一家生活时，虽然条件也不是很好，但国内人对生活环境和条件的刻意追求，以及魔都西方生活方式的蒸蒸日上，使得上海的小市民都晓得拥有一部最新品牌的苹果电脑和手机是时代的需求。在这样的环境影响下，林旭的父亲和奶奶总是尽一切能力在物质上满足林旭的需求，生怕他在学校里被同学歧视。林旭爸爸觉得，这么多年来，没有母亲的家庭生活或许已让林旭觉得颜面无光，假如在钱上再让他感觉落魄，儿子的精神就垮了。林旭在学校的功课越好，越被老师夸赞，林旭爸就愈发在生活上宠着林旭，让儿子觉得自己在任何一点上都不比别人差。

如果不是想与母亲生活在一起，林旭根本就没有打算到纽约来。他是一个敏感的孩子，从小没有母亲在身边的日子总让他觉得在情感上低人一等，因此，当林姐叫儿子到美国来念高中考大学时，林旭想都没想就来了。没想到，到了纽约，林旭心里对这个大都市和母亲都有很多的失望。纽约根本没有上海的那种金碧辉煌，更多的是外滩等上海老区的那种陈旧落后；母亲也不再是小时候仅有的记忆中的光鲜亮丽，而是从衣饰到神情都暮气沉沉的中年妇女。时光的流水在母子之间拉开的距离超越了林旭的预期，地域、文化与亲情的隔阂让这个年少的孩子心里感觉异常沉重。好在美国的高中生活是林旭每日生活的亮点，让他内心的压抑与沉郁终于有了一个出口。

大学四年的生活在母子两人渐行渐远的关系中转瞬而逝，毕业后不久，林旭就不辞而别，去了欧洲边旅行边打工。林姐对儿子的选择无可奈何，没有意识到更大的危机就在不远的拐角处。她每天还是忙着去各家当短期或者长期的厨工，有时想起儿子来会给他打电话，但林旭接起来的次数越来越少。他们之间除了家常里短几乎无话可说，林旭厌烦林姐的千叮咛万叮嘱，也对林姐毫无精神追求的想法感到排斥。林旭大量阅读各种中英文的心灵治愈书籍，越发觉得自己从小收到的精神伤害就是来自母亲对他的“遗弃”，因此，他对母亲的不满也就越来越大。

假如小的时候，维持母子关系的就是血缘或伴陪，那么长大了之后，母子的关系就转为亲情下的相互尊重和理解。不幸的是，林旭除了血缘的连接之外，丝毫感受不到他与林姐有任何超越血缘的关系，就更谈不上情感了。

两年之后，林旭从欧洲回来，考上哥伦比亚大学的研究生，学的是教育，完全放弃了他在纽约大学里念的会计专业。林姐听说儿子回到纽约了之后，给林旭打电话，林旭根本不接电话也不回电。林姐只好常常跑到哥伦比亚大学的学校门口去堵林旭。林旭对母亲的这种围追堵截的行为更是愤怒，发了语音给林姐让她不要再去学校，要不要再给他电话。“我有事儿或者有时间，会联系你”林旭写到。那意思非常清楚，你别联系我，等我联系你。

林姐仍然不依不饶。暑假时，她在哥大找不到林旭，便四处打听。听说儿子到一家夏令营工作，便马上又追到郊外的夏令营去堵儿子。这让林旭感到非常难看，从此便不再与林姐来往，甚至换了电话号码和邮箱。

林姐原来还没有太在意，觉得反正两个人都住在纽约，迟早会见面。没想到，疫情的到来改变了一切，纽约市区乃至纽约州在历史上首次封城关闭。随着越来越的的人得了新冠，死亡率高居不下，美国政治正确下的各种社会问题频发，人心惶惶的时代最终来临。从宏观角度看，人类面临着新的危机，从微观的角度说，林姐与儿子彻底断了联系。林姐开始不断给国内的前夫，林旭的父亲发信息打电话，打听儿子的情况，陆陆续续得知林旭研究生毕业后，在美国的外事机构工作，还交了女朋友。林姐不明白为什么儿子不跟她联系，心里开始焦虑。

新冠疫情席卷纽约的这两三年，林姐的生活也天翻地覆。她在疫情前阴错阳差地找到了一个新客户，是一位独身的纽约白人老律师。疫情期间，林姐为了挣钱，仍坚持每天去给老律师做两顿饭，因此，在疫情的闭塞与沉闷中，两个人成为了彼此与外部世界的唯一接触。时间长了，老律师觉得生活上离不开林姐，便有心与她把客户关系发展成男女朋友。虽然，林姐看不上对方的又老又胖，但内心的焦虑加上疫情带来的孤独，使得她慢慢地开始接受了对方。好几次，她心情苦闷时，用翻译机跟老律师聊天，跟他讲起儿子，老律师才告诉林姐说，他也经历过同样的问题。他一生接了两次婚，都以离婚告终。这两次离婚让他失去了大部分的财产不说，还都让他因为财产和孩子的监护权争议与前妻们对薄公堂。两个婚姻中的孩子都受母亲的影响，长大后不再跟他往来，让他郁闷了很多年。同样的失去孩子让两人同病相怜，关系开始神速进展，林姐退掉了自己位于下城的独间公寓，搬到了曼哈顿西上城老律师的三房一厅的大公寓里。

与老律师同居了之后，林姐思念儿子的焦虑渐渐平复下来，不再像以前那样以纠缠儿子和儿子他爸为主要目的，虽然，她心里每次想到儿子都会隐隐作痛。

疫情后期，纽约重新开放，老律师的小律师事务所重新开业后才发现，好几个客户都因为新冠去世了。很多客户处于对纽约疫情的恐惧都搬离了纽约，不再需要老律师的服务。老律师不得已辞退了用了多年的助理，也打算退休了。林姐劝他不要退，她可以找一些华人客户来，只要有钱挣就行。老律师被林姐这样鼓励着，咬牙往前走的同时，也打算与林姐结婚，老夫老妻一起过好下半辈子。

林姐接受了老律师的求婚，坚决不让他花钱买钻石戒指，却说：只要你把我的名字加到你的房产上就行了，这样万一你有个三长两短，我也不至于被扫地出门"。 老律师起草了一个婚前协议，就把林姐的名字加到他们住的曼哈顿公寓上。 两人准备等疫情完全过去后，就到曼哈顿下城的市政府注册结婚。

这时，林姐想到儿子，便叫老律师用英文给儿子写了一份邮件，希望能跟儿子重新联络起来。然而，老律师以林姐朋友的身份给林旭写了几个邮件，都石沉大海。后来，林姐的前夫跟她说，儿子换了邮箱，为的就是不让林姐找到他。 "他为什么那么恨我？" 林姐在电话里哭泣起来："我到底做错了什么？"

"这么多年与儿子分开，自然是与他生疏了"， 林旭爸在电话安慰她："时间长了，他会想通的"。 林旭爸不忍心告诉林姐实情。其实，林旭早就跟他爸爸说林姐已经变成了让他厌恶的小市民，一点精神层次都没有，根本无法沟通。每次他试图与林姐对话，林姐无休止的抱怨让他感到负能量满满，因此，他不再愿意与母亲来往。"说实话，她除了生我，根本都没有尽到一个做母亲的责任！爸，你也别替她打圆场了，她早就抛弃了我和你。一个女人不能好好地为人妻为人母，还有什么好说的呢！"林旭在电话中气愤地跟父亲说。

"好歹她也把你接到纽约，花钱让你上学，不然你怎么会从哥大毕业？！"林旭的父亲劝儿子。

“算了吧！”林旭的声音气的发抖，“美国高中免费，大学都是靠奖学金和助学金，根本都不用她出钱，她连这点儿都免了，还不断跟我说她没钱。 她没钱是假，有钱不付赡养费是真。她离开家这么多年，给你寄了几次钱？我们还不都是靠着你的工资和奶奶的退休金支撑着嘛！她从来就不在乎我和你们的婚姻，我早就看透了她，自私自利，只为自己打算。”

林旭的父亲无论如何都无法将这些话跟林姐启齿，只能慢慢地也疏远林姐，因为他不愿意夹在儿子和前妻之间，让自己也活得不开心。

虽然。林姐在纽约有了自己的新生活，但是，她对儿子与前夫的退出她生活舞台还是感到焦虑。

生活永远出人意料，就在林姐以为与儿子再也见不到面时，她居然在二十五街三大道的街头撞见儿子和他的女友，让她狂喜万分。她不管不顾地追逐着儿子的背影，生怕与他再失去联系。

林姐做梦也想不到的是，儿子根本就不想见到她，还让女朋友转话给林姐说他根本不认识她。林姐目瞪口呆，内心的惊骇和难过简直无法形容。

站在曼哈顿的大街上，看着儿子和女友逐渐远去的身影，林姐不知如何是好，泪水从她的眼眶夺眶而出，顺着脸颊流淌到拉下的口罩上。她无法抑制自己内心泛上来的悲哀引起的抽泣，双肩忍不住剧烈地抖动着。一个中年美国女人正好从她身边走过，看到林姐曲卷着上半身的痛苦状，以为她突然发病了，忙问：“Are you OK？”

在陌生路人关切目光的注视下，林姐再也忍不住内心的悲哀，开始一把鼻涕一把眼泪地大放悲声，似乎要把她这几年的痛苦都哭出来。

天色已黄昏，空中乌云密布，只有一道隐约的桔红色镶嵌在灰色的乌云中，翻滚在曼哈顿的城市天际线上，二月的寒风从身边极速掠过，顺着两边高楼大厦组成的大道向深远处呼啸而去，带着仍然刺鼻的寒意。

（2021年纽约）

邂逅

一

姜先生出了曼哈顿中城西53街的Baccarat私家酒店的大门，没有站在大门口，而是向左走到六大道的夹角等Ulber。每次从国内来纽约，他都喜欢住在这家酒店的套房，时尚且低调，没有众多的游客，是他喜欢的感觉，尤其那房间设计的极简洁白中的一抹红总是让他想起心目中的“斜照江天一抹红”的江南意境。

纽约暮春，从环绕市区的西边哈德逊河以及东边的东河两岸水边吹来的风还是有些凉意，将姜先生的头皮吹得有点凉飕飕的。姜先生从包里摸出来他的儿子姜公子送给他的一顶时髦的网球帽戴在已经谢顶了的光头上。

车水马龙的喧嚣中，一辆黑色的SUV悄无声息地在姜先生身边停下，车窗摇下来的瞬间，一个熟悉的声音响在耳边：“呦，是你啊，小姜?

姜先生被这个熟悉的声音惊了一下，已经很多年没人叫他小姜了。他抬眼向车窗里望去，猛然看到一张似曾相识的脸，随着记忆极速地闪回，这张脸开始变得熟悉。“呦，李厂长！”姜先生脱口而出。

李厂长也被这个称呼愣了一下，说：还是叫我老李吧。他边说边示意姜先生上车。

姜先生赶忙上车与老李握手说：这么多年不见，你还是我记忆中的老厂长啊！

1986 年前，刚刚大学毕业的小姜，被分配在李厂长的工厂做技术员。虽然两个人年龄和经历相差八、九岁，但还是一见如故，成为无话不聊的朋友。李厂长一直对小姜另眼相看，觉得他够努力，充满着改变世界的勇气，跟他不谋而合。几年之后，小姜和几个朋友一起下海到深圳创业建科技公司，也邀请李厂长一起创业。但李厂长觉得自己不是创业的材料，婉拒了。不过，因为看好小姜，他还是拿出几万块钱积蓄投资了科技公司，成为一个小股东。再过几年，李厂长的孩子升高中，准备到美国留学，李厂长就决定积攒他和太太的全部积蓄，全家投资移民去美国。好在小姜的创业公司做的不错，几轮融资下来已经扩展不少，上了正轨。于是，李厂长将他的原始股卖回给小姜，凑够了投资移民和买房的费用。

自从 1996 年李厂长去了美国，小姜慢慢与他失去了联系。一方面他全力以赴创业没时间想别的，另一方面随着公司的扩大和发展，他们几个创始人都开始成名。最终，科技公司上了市，创始团队都成了亿万富翁。这期间，小姜结了婚生了孩子，随着孩子的长大，他也从小姜变成了受人尊敬的创业名人姜老师，最后成了媒体广为传颂的投资人姜先生。当年靠着技术成名的小姜如今成了与政府合作，投资的很多公司都上市了的姜先生，他的身价也翻了不知道多少倍。

自从李厂长与姜先生在广州一别，已经过去了二十多年，没想到两人居然在纽约碰到了。

在车里，多年未见的老李和姜先生一路上热列地聊起来了。

老李告诉姜先生他大儿子在银行工作好几年了，小儿子从哥伦比亚大学商学院 MBA 毕业，刚刚开始工作。

姜先生听了惊讶地说：“我儿子也在哥伦比亚读书，我这次来就是看望他的”。

有了“同在哥伦比亚的儿子”这个话题，两个人聊得越来越起劲了。 老李告诉姜先生，他来美国后开始在餐馆打工，然后到了一个华人开的贸易公司工作，再后来就是自己出来开了一家礼品公司，让老婆打理着，他自己则开出租挣钱，现在开了 Ulber。

听了李厂长的一番话， 姜先生心里感慨。当初国营厂的李厂长在他们广州可是数一数二的名人，多少人要抢着给他溜须拍马，为的就是想在厂里谋个差事。没想到他出国之后就是做服务行业这么多年，现在算是混的不错了，开了 Ulber。如果他留在国内，至少会拥有国内像 Ulber 同类公司的股份，而不是沦落到司机的地步！想当年，李厂长的原始股如果没有卖掉，现在他也早已是富翁了，可惜啊！

姜先生心里面虽然感慨，但并没有说出口。只是问：“你这么多年在美国都与国内脱节了吧？“哪里啊”，李厂长说：”我每天都看报纸新闻，看电视听广播，这些年国内外发生的事情我们谁都清楚啊“。

”那你这么多年为什么不回国发展哪？“

李厂长笑说：“我当初出来就是为了儿子能在美国读书，一家又不至于分离。我可不想像很多海归那样最终为了工作和挣钱搞个妻离子散！ 孩子们一直都在上学，我也无法抽身离开啊。 再说，在这边这么多年，两个孩子工作的工作，毕业的毕业，我也就安生了。 一家团团圆圆比什么都好啊”。

姜先生听了禁不住觉得李厂长太传统、太古板。 现如今，他们这等年龄的人要么官居要职，要么已发了大财。大多数都和原配离了婚，娶了年轻漂亮的二婚夫人，处于”大孩子上了大学，小孩子正上幼儿园“的阶段。以当初李厂长的能耐，如果留在中国发展，如今都不知道富到何等地步了呢！ 像他自己，在国内成了名还挣了大钱，孩子不是也到哥伦比亚大学读书嘛。现在，他姜先生钱多的已经可以退休了，而他李厂长还在开 Ulber 挣钱。

到了目的地，郊区一大片绿草如茵环绕中的横卧在海湾前的一栋大白房子前，姜先生不知道是客气还是出于怜悯从钱包里掏出厚厚一叠百元美金塞给李厂长，同时邀请他一起到朋友家坐坐。 李厂长坚决婉拒，摆着双手不肯拿姜先生硬要塞给他的钱。他推辞说：”不行啊，我还有下一个客人在等着呢。我们以后再联系“。话音刚落，李厂长就跳上车开走了。 望着李厂长黑色的 SUV 在夕阳西下时天水一线的一片金黄色中疾驰而去，姜先生情不自禁地摇头叹了一口气，转身向大房子走去。此时此刻，那幢大房子灯火通明的落地窗像百老汇的戏剧舞台一样照耀着它身后波光粼粼的长岛海湾的一角。

二

姜先生朋友的豪宅位于纽约郊外威斯彻斯特郡靠近长岛湾的一个花园洋房，宽敞的像温室一样的玻璃大阳台面朝海湾。坐在阳台上，姜先生一边喝着法国路易十四世的红葡萄酒，一边跟他的朋友们说着刚才的经历。姜先生的这几个朋友都是在国内发了大财，陆续到美国买了豪宅，孩子们也都在美国私校中学读书。他们一边喝着葡萄酒，吃着上好的牛排，一边眺望着海湾的日落，听着姜先生的感概。

“我就是不懂这些人，宁愿在美国过一个穷日子，也不回去搞点啥挣大钱！”房子的主人庞董事长不屑地说。 庞董在国内搞了一个专门帮助私企在美国上市的公司，挣了上亿人民币。 庞董的儿子来到这边的一家私校上高中， 前来一起陪读的庞太太就用手上的闲钱买了一栋靠近海湾顶端的大房子，大到一面可以看到日出，一面可以欣赏到日落。

“你不知道！”另一个国内来的国营企业的总裁也跟着说：“这边很多华人当初都是在国内混不下去才来美国的！现在国内好了，他们想回去也回不去了，跟不上趟了呗！

这时候，姜先生的儿子姜公子接茬了，不愧是哥伦比亚大学毕业生，他的谈吐彬彬有礼，举止得体。他一边用刀叉给大家切着刚刚烤好的牛肉，一边慢吞吞地说：“也不一定啊，当初八九十年代很多出来的人都是国内的精英阶层啊，那时候平头老百姓有几个知道美国的。就拿那个李厂长来说吧，当初他来美国也是为了孩子的前途，有什么不好的。他说的对，一家人在一起比什么都好，不像我，从小就很少看到我爸啊！

姜先生听了，马上一边用手势做状要给儿子一个耳刮子的样子，一边笑说：你这孩子，读了几天书就要学美国人不成，对你爸不孝？

这时，捧着一盘刚刚烤好的鲜牛排的老张从阳台下的后花园进来了，听了他们的这通对话，禁不住说：”哎，别的不说，我们在美国的华人起码会在家里烤牛肉给你们吃，不然，你们只能去 Peter Lugers 排几天队了”。老张在华尔街工作，也是庞董的合作伙伴，专门帮庞董的公司在美国上市做承保人。

围在大理石餐桌边的几个人哄笑起来。 姜公子马上举起酒杯说：“敬我叔一杯，您的烤牛肉比 Peter Lugers 强的不止一点点啊，很有雪花牛的味道了”。 大家跟着举杯起哄。

“别说”，姜先生趁机压低声音跟身边庞董悄声说：“我刚投资你公司的那部分钱，你帮我转出来了吗？最近上面风声很紧，再不转出来恐怕就动不了了。我可不想像赵董那样进了监狱不说，钱也都被冻结了，孩子学费都交不出来。”

“我早说过，谁让赵老头子总爱炫富，又站错队呢”，庞董诡异地一笑说：“放心吧，我早就按照你说的，给你家公子用现金买了套房产，不过两千多万，就在中央公园南边那座新盖的大楼”。

姜先生满意地笑了，不知为什么，他蓦地又想起了李厂长，那个曾经被他钦佩的老领导。估计，他正在拉着下一个客人穿梭在曼哈顿的街道上呢。真是，三十年河东三十年河西，风水轮流转啊。

后院子大树下露天厨房里的 Weber 烧烤架上飘来阵阵烤肉的香味，飘过大树下的一溜儿硕大饱满的郁金香，它们正在纽约的初夏旺盛地开放着。此时，夕阳已经全部消失在海平线下，只留下了漫天的火红的绯霞，在后院花园的游泳池的水面反射着斑驳陆离的倒影，霎那无比辉煌。

三

李厂长一溜烟的开车疾驰在 95 号洲际高速上边好一会了，心情都没有平复。傍晚与姜先生的邂逅激起了他内心的涟漪。来美国近二十年了，他还是第一次感觉到这种说不出道不明的不适。

当年在国内的时候，他李厂长确实曾经呼风唤雨过，不比起现在的姜先生差到哪儿去。只是不同的是，他这人一向光明磊落，不偷不抢，也不愿干违心的事情。虽然改革开放让所有敢于下海的人都挣到了钱，但是也让很多挣钱挣得太贪心的人进了监狱。当初，李厂长毅然辞职离开了国内的国企厂除了孩子是主要因素，也是他厌倦了国内那种尔虞我诈、勾心斗角的商业人生。李厂长算了一下，他挣到的钱已经足够投资移民去美国，再卖了手上的一些投资公司的原始股，在美国郊区买栋房子安家乐业是没什么问题的。于是，李厂长便举家移民，按照自己的爱好搬进了纽约郊区一个不错的学区。虽然他的英文并不太好，但他的头脑敏锐肯吃苦，在不同的华人餐馆和公司打过工，目的就是摸清美国做生意的系统。现在，他把自己的小公司让老婆经营着，自己开 Ulber，每天自己做自己的主人，感觉自由自在。眼看着，儿子们都从常青藤毕业了，找到了好工作，李厂长的心总算落定了。

这些年在纽约，他也遇到国内来来往往的不同生意人，看着他们有的发财致富，有的锒铛入狱，还有的则黑在美国，靠着国内带出来的黑钱过活儿。李厂长从来没有羡慕过谁，因为他知道，每个人的选择不同，道路也不同。

然而，今天遇到曾经的下级小姜，李厂长的心不平静了。想当初，如果不是他提拔小姜，让他组建技术团队并担任负责人，他领导的工厂就不会因为业绩突出而成为全国模范企业，小姜和他的团队也不会被媒体广为报道。后来小姜带着团队骨干辞职下海，成立自己的公司。李厂长二话不说，拿出自己的全部积蓄投资了小姜不说，还不断介绍各公司的老总给小姜投资。最终小姜的公司越做越大，成为了国内著名的科技公司。

再次见到小姜，李厂长觉得他已非同昔比，无论是做派上，还是思想上都透露出中国精英特有的思维，那就是中国已经全然超越美国，成为世界第一，而美国方方面面已经败落到让人看不起的地步，连所谓全世界最繁华、地皮最贵的第五大道上的建筑都是百年老旧，不像国内一马平川地金碧辉煌。这种想法让小姜他们这些人产生了高人一等的气派，虽然他们表面上还是表现低调，但那种低调是在国内官场打交道多年，随时都可能因为一个闪失而失去一切，因此不得不做的小心谨慎、生怕惹火上身的态度，而不是像他认识的很多美国有钱人真正的虚怀若谷，自信却谦虚的低调。

在美国多年，李厂长也投资了不少美国公司的股票，手上还持有过苹果和亚马逊的股票。仔细算下来，他两个儿子从小长大，以及上名牌的学费都是他这些买股票赚的钱来的。李厂长喜欢美国股市，起码可以让他这样的无名小卒在十几年的过程中也可以挣到百万美金，过一个小康生活的退休金都制备齐了。他的几个老朋友在国内市场也玩股票，但多少年下来一算，赚的和输的钱几乎抵消了，手上的房产虽然价值千万，却也被套牢。有价无市。

刚才，小姜话里话外流露着他对落魄的美国，以及这里生活的中国移民高人一等的感觉，让李厂长觉得心里很不舒服。不轮如何，他李厂长在美国也不偷不抢，过的也不错。虽然看上去他还在开 Ulber，不像有钱人的样子，但是他内心的踏实和满足却是小姜他们国内富豪永远都不会懂的。

回到家来，李厂长刚将车停进车库，他老婆就跑来说，隔壁的汤姆夫妇临时邀请他们去他家吃晚宴，庆祝两家的最小的孩子哥伦比亚商学院毕业。

李厂长刚才还在波动的思绪马上又回到了现实。汤姆是美国一家著名上市公司的总裁，老婆还是一家大法律公司的合伙人，夫妻俩多年来跟李厂长一家关系不错。一方面是他们两家的小儿子们都差不多年龄，从小学到高中都是一起长大，另一方面他们公司在中国的生意上一直请教李厂长。最主要的是，汤姆夫妇是邀请他们加入社区教会的介绍人，让初来乍到的他们感受到了被社区教友的关心和帮助，解决了生活上遇到的各种问题。经过这么多年，他们两家间的友情已经随着孩子的长大，从生活上的帮助上升到了精神的交流。这样看上去波澜不惊、但内心平实感恩的生活是他一辈子最满足的岁月，并不是钱和权利可以交换来的。想到此，李厂长感到心里重新踏实下来，原来心中的一泓波澜也趋于平静。他打算赶紧到酒窖拿一瓶他喜欢的意大利红酒 Il Poggione 去汤姆家的庆祝晚宴。

绯红的晚霞在树梢上渐渐消退，夜幕开始无生无息地降临四周，李厂长抬眼望去，一轮初生的黄月亮刚刚爬升在屋脊，硕大皎洁的脸盘让人看了心里充满无垠的舒坦。又是一个“何处春江无月明”的美好夜晚，李厂长吹了一声口哨，走进房子，留下悠扬欢愉的哨声在夜色中的明月下回响。

（2019 年 11 月纽约）

新泽西的「外星人」

姐妹小荷的死是压死骆驼的最后一根稻草，我无法再相信奇谈先生。

奇谈先生是一位来自中国某个南方城市的灵排师，我与青鸟在 2021 年纽约炎热的八月份与他初次见面。

八月底的那个闷热的下午，我和青鸟开车前往奇谈先生住的新泽西州南部的一个小镇去看他。据青鸟说，这位号称可以替人排除异灵的灵界大师长期住在加州，最近刚刚来到东海岸买房，只在新州停留两个星期。 她问我有没有兴趣跟她一起去见面聊天，一向对灵界感兴趣的我自然同意。

青鸟喜欢所有与灵魂，能量、外星人、阴谋论等相关的八卦，每天都会花很多时间在社交媒体上看这些灵性大师们发布的各种信息以及视频。我不得不说，青鸟在灵性上的段位相当高，说起同频共振的能量世界，以及与此相关的各种逸事总是滔滔不绝，像一个正在授课的大学老师。我与青鸟第一次见面，就觉得似曾相识，大有一见如故之感。青鸟说，这就是同频共振，我们的精神在同一个纬度里震动，因此，相互之间感受到同频。也许，我与青鸟就属于曾灵魂相交，前世相遇、今世重逢的人。

青鸟不久前通过电话的方式看过一个远在希腊的灵媒。这个灵媒与她素未平生，但可以看到她的前世，一直追溯到 1802 年。当这个灵媒讲述青鸟几个世纪的前世经历时，青鸟感到了心灵深处的触动，全身的汗毛都竖了起来。随着灵媒的一层层深入浅出地诉说，青鸟潸然泪下，那种心灵的触动感无法言述。

我明白青鸟说的感觉，因为我自己也有看灵媒的经历。我父亲在我二十出头去世，因此，我一直缺乏与他的精神交流。几年前，我认识的一个朋友阿秀因为失去刚刚出生的女儿得了急性忧郁症，看遍了纽约所有的灵媒，想重新找到治愈自己的能力。在阿秀看过的灵媒中，有一个西裔女灵媒给她留下了深刻的印象，因此，阿秀向周边的朋友推荐了这位灵媒。 据说，这位灵媒真的可以与死去的灵魂交流，让亲人得到安慰。 我和几位朋友一起去看了灵媒，都是期望着与死去的家人的灵魂见面。通过这位灵媒的能量场，我感受到了包括父亲在内死去的家人，并与他们做了极为短暂的交谈。 我不知道是否真的是我家人与我的交谈，但我心里充满了感动和温暖。 同去的几个女性朋友跟我一样都是眼圈红肿，泪流满面。

青鸟告诉我奇谈先生的专长是可以通过与外星人的链接，来捋清每一个人，以及每一个事件的来龙去脉，从而揭开人生或历史谜团。对于外星人的理解，我比较受美国量子催眠大师朵洛莉丝的影响，认为地球只是人类所认知的一部分，生活在地球之外的浩瀚宇宙中有外星人的存在。很多地球人的前世就是外星人，在别的星球生活居住过。曾经在不同的能量等级和纬度的生活让这些人无法适应现今地球上的世俗生活，而对生命产生了迷惘和疑惑。只有当他们找到来地球的初心和使命，他们才会重新感觉到生命的意义。

因此，当青鸟说奇谈先生来自一个名字怪异的星球，他的使命是帮助地球上那些外星人找到他们最初来地球的使命，并解脱他们在地球生活的艰难时，我一点都不觉得奇怪。 我小时候在农村时曾经见过许多阴间的鬼魂，也听惯了大人们讲鬼故事，因此，魂灵对我来说一点儿都不陌生。想当初，少年时代的我在北京第一次看到《星球大战》的内部电影时，就热血沸腾，觉得星球的世界充满了诱惑。我甚至想象过自己在宇宙中飞翔的样子，梦想着自己是属于某个星球的外星人。也许，我自己就是一个外星人，因此，一直找不到与现实生活对接的那个舒适感。

我和青鸟沿着 287 高速公路从纽约州自北向南横穿新泽西州来到奇谈先生住的小镇。快到小镇的附近，我们在高速上意外发现竟然有中国餐馆。待会我们吃饭的时候，就到这附近来吃吧。青鸟开心地说。

沿着小镇的街道，我们跟着 GPS 的指航来到奇谈家的小屋，在小镇南端的一个街道的死角里，周边异常安静。房子外观破旧，四周杂草丛生，屋外的杂物甚至植物上都蜘蛛密布，好像很多年都没人住的感觉。一瞬间，我脑子里乱七八糟地乱搭，想到狄更斯《远大前程》里与世隔绝的老太婆，电影《倩女幽魂》的某个镜头，甚至鲁迅的《从百草园到三味书屋》中的老和尚。

据说当初，奇谈先生买这座屋子的时候就是看上了屋脊上杂草般丛生的天线，其中，就有外星人搭出的天线。当我下车时，我抬头就看到了屋脊上的各色天线纠缠在一起，让这座漆皮剥落的屋子深陷在一种言语所不能表达的神秘感中。

“这地方怎么看起来像没人住？”，我问青鸟。她正在神情紧张地东张西望，好像也在探究着这所房子是否就是奇谈先生的居住地。 就在此时，门霍地开了，一个身材不高，样貌普通如城市农民工模样的奇谈先生出现在我们的面前。我脸上摆出客气的微笑，却偷偷用头脑的眼睛审视着奇谈先生的外形，似乎想从中找到他是外星人的蛛丝马迹。

奇谈先生说他自己是外星人返回地球，使命是帮助从外星来的那些星际种子找到他们原本的使命。 他的说法让我想起了朵奶奶的那本轰动一时的书《三波志愿者和新地球》，阐述了很多人类似的经历，为了志愿拯救地球，宇宙送了很多外星志愿者来帮助地球人。然而，有些外星志愿者在重新投胎出生的过程中，忘记了自己的使命，因为与地球的社会格格不入而产生各种性格和情绪上的冲突，被认为是精神有问题。

我忽然想起我十九岁时刊登在《读者文摘》上的第一篇文章就是关于艺术家和神经病的，说的是当艺术家在达到艺术创作的高潮时，会出现短暂的精神不稳定状态，而这种状态就是常人认为的神经病。现在回看，那是上世纪 80 年代末的北京，国家处于改革开放大潮中，我却在探讨艺术家和神经病的关系。看来，我也是老灵魂之一。

然后，我又想到我的儿子从小就充满了拯救地球人类的使命感，因此与他同龄人所喜好的各种话题都格格不入而倍感孤独。也许，他就是来自外星的志愿者之一吧，我暗自思忖着。

据奇谈先生说，他小的时候就可以看到死去的亡灵，并可以与之对话。一般孩子五岁之前都会看到灵魂，但随着年岁的增长，这种特异功能就会慢慢消亡。但奇谈先生的特异功能却没有随着他的长大而消失，反而越来越强烈。 奇谈先生从青春期就与其他人格格不入，直到高中毕业后碰到了一个日本女人，收养了她并帮她到日本读书。 奇谈先生在多年后的一次灵排之中发现这个日本女人其实就是他一个前世的亲生母亲。

那天下午，我和青鸟与奇谈先生相谈甚欢。到了傍晚、青鸟还开车出门去买了中餐外卖回来当作晚饭。

谈笑间，奇谈先生的电话忽然响了，他看了一眼跟我们说，他有一个客户急找他灵排，他希望我们在旁边观看他灵排的过程。

如果不是这个灵排，我对奇谈先生的好印象会一直停留在那天的傍晚前，我们三个人相谈甚欢的愉快感觉里。

奇谈先生的客户是一位女性，儿子突患忧郁症，因此，这位母亲打电话给奇谈先生，让他治愈儿子的忧郁症。

奇谈先生与女客户的灵排是通过视频进行的。他在灵排的过程中，与外星人链接，后者打开阿卡西天书找到其儿子一生的经历，然后指出，儿子是被外灵附体才患了忧郁症，只要把外灵移除，儿子的忧郁症就会不治而愈。因此，灵排的经过就是移除外灵的过程。

整个一个多小时的灵排过程就是奇谈先生一个人自言自语讲述他所看到的外灵附体的原因和经过，引导客户向附体的外灵进行忏悔，请求外灵离开。

这让我想到圣经上提到的耶稣驱鬼。但耶稣驱鬼是与被驱鬼的人面对面进行的，而奇谈先生却是通过视频进行的。难道他的力量比耶稣的都大吗？

因此，我问奇谈先生，他对耶稣是怎么看？

耶稣根本不存在的！奇谈先生斩钉截铁的说。这句话更是打破了我对奇谈先生的信任。不管从圣经中、还是历史记录里，耶稣的存在已经是不容置疑的。奇谈先生如此说，等于把自己驾驭在耶稣存在的两千多年的历史之上。不论从历史书籍还是宗教信仰上。奇谈先生是人，耶稣基督是三位一体的神，在这两个天壤之别的能量级上，选择相信谁当然不言而喻。

然而，青鸟对此毫无察觉，完全把奇谈先生当作能够通灵的灵排大师来看待。

正巧，我认识的一位艺术藏家筱是专门研究宗教信仰的。她曾经是虔诚的基督徒，后来因为家人坚决反对的情况下又信奉了佛教。几十年来，她在灵性上很有进展，每天可以打坐几个小时，可以看到灵魂脱离肉体的躯壳上升到灵性场。我跟她提起了奇谈先生，她说她可以跟他聊聊。

不久，筱打电话给我，跟我千叮咛万叮嘱要我不要去找他灵排。她说奇谈先生也许是能连接到灵性场的，但是他这个链接是神性还是魔性就不得而知了，因此，不到生命攸关不要去找他灵排。

筱的周边有好几个气功大师，专门用气功给别人治病 ，他们对奇谈先生的外星人看法也是持否定态度。

说到生命攸关，其实，我心里确实有件事希望能够得到奇谈先生的帮助。

我的一位姐妹小荷得了第四期癌症，医生已经放弃了治疗，让她回家静养。小荷还年轻，孩子也小，眼看她得了不治之症，让我非常挂心。

我想如果奇谈先生真的像他说的那样。能救治垂危的病人，是不是小荷也可以试一试呢？

我把这个想法跟小荷与我共同的好友潇潇姐说了，毕竟潇潇姐是我极其信任的朋友，也是信主多年的虔诚基督徒，如果潇潇姐也认可这个想法，那我就想不如死马当活马医，让小荷一试。

听了我地讲述，潇潇姐决定亲自出马见见奇谈先生，看他是否具有灵性的功能。

令我惊讶的是，潇潇姐见了奇谈先生之后，也对他充满了信任，说可以让小荷去试一试。为了支付奇谈先生的费用，我和潇潇姐还决定为小荷进行一下募捐。

潇潇姐跟小荷提到了奇谈先生，小荷果然决定拼死一搏，她还说不要募捐，钱她有。

在九月一个温暖的秋日下午，我和潇潇姐陪着奇谈先生来到小荷在纽约市布鲁克林的家。从我家住的纽约上州到小荷位于布鲁克林的家需要 2 个多小时的车程，加上必须经过 BQE 常常塞车的那条高速公路，到小荷家已经三个小时过去了。但我心里充满了激动，希望奇谈先生可以妙手回春，治愈小荷。

在小荷家的客厅里， 奇谈先生讲述了他灵排的历史，说到灵排客户的不幸遭遇，奇谈先生禁不住热泪盈眶。他的眼泪深深打动了在座的三个女人，让我们各自也禁不住湿润了眼眶。小荷自然是为自己的病情，而我和潇潇则是怜悯小荷的病况，希望她能够通过奇谈先生的灵排得痊愈。

当天晚上，奇谈先生就给小荷做了排练，帮她驱逐了身体上纠缠多年的外灵。据奇谈先生说，附在人体上的外灵基本上都是被冤枉而死的，因此，他们为了复仇，不得不附在现世的活人体上，导致被附的人体生病，甚至死亡。只有排除了这个外灵之后，被附体的人才会痊愈。根据奇谭先生的说法，这个附在小荷身体上的外灵就是曾经被冤枉成小偷而被打死的农民。通过排灵，奇谭先生说他把这个外灵送走了，小荷也会慢慢好起来。我和潇潇姐以及小荷都如释重负，等待着灵排后的奇迹出现。

奇谈先生千叮咛万叮嘱说要小荷给他两个星期时间看灵排的结果，在这个期间，千万不要再去医院进行任何放疗了。

几个星期过去了，小荷的各种状况似乎都有了好转，我和潇潇姐心中的各种不安和担忧终于得到了些许释放，毕竟是我们俩介绍她去灵排，如果花了钱又不成功，那我们两个人的心理压力就大了。当然，我和潇潇姐也做了各种祷告，希望奇谈先生就是神派来治愈小荷癌症的天使，给她年轻的生命一个重新开始的机会。

与此同时，潇潇姐和我都去请奇谈先生给我们两家人分别灵排，除了好奇他灵排的结果，也觉得，如果我们把她介绍给小荷儿，自己却不肯花钱灵排，心里说不过去。

潇潇姐给自家做的灵排，说取得了不错的进展，因为她了解了自己原来根本不知道的问题，也因问题的解决，使家人看似得到了医治，因此，她对奇谈先生开始深信不疑。而我家做的灵排，排出的外灵却是一条龙。奇谈先生说这条龙给我们家带来了不睦，以及我多年的腰痛。他说他把龙请回国去了，我们应该没事儿了。灵排之后，因为心理暗示因素，家里包括我的腰疼似乎有好转的迹象，但没过几天，一切又回归原样。奇谈先生说如果仍没有好转的话，就还是有其他外灵，需要再花钱灵排几次。这下，我觉得他有忽悠之嫌、彻底不愿再相信他了。

不久，小荷的病情也突然急转直下，再次住院，很快就被转到临终医院。听到这个消息，我心里免不了充满不安。我给潇潇姐打电话询问细节，潇潇姐沮丧地告诉我说，小荷灵排不久就又悄悄去做了放疗。奇谈先生说，如果小荷去做了放疗，所有的灵排就不再起效果了，而且，一旦人不按照灵排的指示去做，那么他也不可能再给这个人进行灵排了，也就是说，小荷最后的一线希望破灭了。

我没有想到灵排居然会是这个负面结果收场，心里难过很是懊悔。回想起以往给小荷打电话，鼓励她用信心坚持下去的点点滴滴，心里就充满了感伤。

我试探地给小荷电话，劝她不要去临终医院，因为我知道，任何人一旦进了临终关怀这一步，就不会再有任何希望的。 小荷听了我这样说，疲惫地告诉我说，她已经虚弱地连自己翻身都不行，如果不去临终医院，她回家也没有人照顾。

我一下子想到小荷住的那间没有多少阳光的睡房，仿佛记忆中都是暗淡无光的感觉。此时此刻，我多希望自己具备耶稣起死回生的能力，来拯救小荷垂危的生命。

青鸟和潇潇姐都劝我不要为小荷的事情感到难过，任何事情只能尽力而为，剩下的只能听天由命了。然而，我心里的不安仿佛像是一道坎，怎么都过不去。我总是在想，如果我没有介绍奇谈先生给潇潇姐认识，那么小荷可能也是同样的结局，但无论如何不会在她患病，家最需要钱时，多花一笔冤枉钱。

小荷进了临终医院后，病情很快加重。她去世的前一个晚上，他先生打电话来跟我说他妻子恐怕没有几天日子可活了。听了他的话，我泪如雨下。我一遍遍为小荷祈祷。

绝望中，我鬼使神差再次联络奇谈先生，希望他可以免费灵排一次，救救小荷。奇谈先生无可奈何地跟我说不是说他不愿意做，但必须收费，因为价格是跟外星人一起商定的，外星人不可能让他破例。他说前一阵子，他免费做过一次关于小荷的癌症会不会离开病体的灵排，虽然显示的结果是癌症会离开，但他因为自作主张灵排而得到外星人的惩罚，掉了一颗牙作为代价。

我跟青鸟和潇潇姐分别提到这件事，心里又是不安又是不满。我觉得耶稣基督救人于水火之中时，一分钱都没要过，而奇谈号称自己是外星人，却每次看病收费昂贵。这样的一个人反而说耶稣不存在，凭什么可以相信他呢？青鸟也觉得奇谈收费太贵，但潇潇姐却说，如果他真的能救人命，再贵也值！

但奇谈却没能救小荷的命，他归责于小荷对他的不信任，瞒着他接受放疗。这件事成为了我彻底不信任奇谈是外星人的拐点，从此以后，奇谈被我划出了我的生活和精神圈外。

在临终医院不到两个星期，小荷就去世了。

小荷的追思会在皇后区的一个殡仪馆举行。尽管，纽约仍是疫情期，但我和潇潇姐都带着口罩参加了她的葬礼，见到了他的先生和两个幼小的孩子。

握着他先生的手，我心里充满了悲伤。我想起小荷临去世的那个晚上，他在电话中气愤地跟我说："虽然我明知道奇谈先生根本就是个骗子，但我还是要小荷去给他灵排了一次，毕竟人命关天，有一线希望都不能放弃。"

小荷的追思会上，到处都是亲朋好友送的花圈和神色肃穆的人们。大家都在为小荷的英年早逝而感伤。但我的心情无人知晓，除了感伤之外还加了一层愧疚感。

"你看，就是小荷先生的不相信，影响到小荷，灵排就没有效果"。萧萧姐和青鸟分别这样跟我说，因为心中没有信就不会有果。

我何尝不知，箴言上不是说过：你要保守你心，胜过保守一切，因为一生的果效，是由心发出。只是这个心保守的是上帝的大能，还是奇谈先生的灵排，结果是完全不一样的。

自此以后，我不再看奇谈先生的任何信息，因为从他那里，我已经得到了内心想得到的足够证明。在他和神之间，我永远会选择后者。

然而，青鸟和潇潇姐却成了奇谈先生忠实的信徒，遇到任何事，尤其是天灾人祸或者国家大事，都先要跟奇谈先生探讨，通过他的灵排得到解答。

自从我跟青鸟和潇潇明确表示了我不再相信奇谈大师的灵排，我们之间仿佛有了一条不言而喻的看不见的界限。

为此，我心中有过深深的自责和难过，毕竟我们三个人是属灵的朋友，一旦在精神上有了看不见的隔阂，心里自然能感觉到，虽然从外表上看，我们的友情似乎一点都没变，但是我明白，一旦心有嫌隙，精神上恐怕很难属于同样一个阵线了。

我实在忍不住去问潇潇姐，作为一个资深的基督徒，她为什么能够接受奇谈先生这种基督耶稣根本不存在的论点，选择继续相信他所说的一切。潇潇姐回复说，世上很多人都不承认耶稣，尤其被神拣选的犹太人，尤其犹太教不是也不承认耶稣吗？神说爱人如爱己，你不能因为别人不信耶稣，而就把他往外推啊！

但奇谈先生并不是不相信耶稣的普通人，他号称外星人，目的是推崇他的灵排，传输他的理念，在这种理念中，外星人的存在排斥了耶稣基督的存在，难道不应该警醒吗？我忍不住与潇潇姐辩论。如果他能让基督信仰如此坚定的一个潇潇姐把他的奇谈怪论都奉若神明，追随左右，那么他就可以改变世界上的任何一个人。

奇谈先生是外星人派来拯救地球核污染的，潇潇姐坚持认为，仅就这一个目的，他的为人就高于当今大部分人。我当然听得出潇潇姐的言外之意，奇谈先生的高度不是我们这些普通人可以评判的。

至此，我无话可说，也不在想再争辩。圣经中早已预言，今天这个世代是一个人人自以为是，自我为中心，追随偶像、智者和能人的末世。耶稣基督两千多年前在十字架上的受死与三天后的复活唤醒了人类对神的追求，奠定了基督教的主题精髓，这不是神话，而是千百年来被无数人验证的救恩之路。它告诉我们，追随人的最终还是归于尘土，而追随神的才得永生！

相比之下，青鸟的语气就温和了许多，因为她不是基督徒，不需要为信仰买单。“虽然我也不相信耶稣基督的存在，起码作为神，我不认为他是，但并不是所有的朋友都必须要观点一致，才能成为朋友“，她说。

我接受了青鸟的说法，虽然心里面对她很有负担。毕竟，2020 年纽约疫情最猖狂时，我不幸患了新冠，青鸟义无反顾地大老远开来我家，要送我去医院，就冲这一点，她就是与我经历过生死的挚友。我当然希望她也信上帝这个唯一的神，不再定睛于人，哪怕这个人真是来自外星。从青鸟我又想到潇潇姐，虽然她也是信上帝的人，今天不也信任于奇谈先生嘛！人啊，人！我忽然想到戴厚英那篇 80 年代的轰动一时的小说标题。不管什么时代，人的局限还是受制于人的思维。

我没有再跟青鸟谈及我心中的一切，希望随着时光的流失，她也不会再提起奇谈先生。然而，四月份，青鸟在跟我的一次通话中，再次提到了奇谈先生，我忽然发觉自己居然无法保持平静了。我拒绝从青鸟的嘴里再听到奇谈的各种怪论。当你不再信任一个人的时候，他所营造的所有神性的外衣就通通失去了效应。

“不要再跟我提起他，他根本就是斜灵！ 我听到自己的声音隆隆回响在四月仍然陡峭的寒气中，充满了斥责的感觉。

青鸟吓了一跳，不明白我突然的情绪爆炸来自何方。于是，我跟青鸟谈到了我的看法，我在灵与神上的经历和翻转，以及我对奇谈的不信任。在激动得侃侃而谈、不能自己的过程中，我能感觉到自己的情绪深陷在一种深不可见的气场里，充满阴霾的天空和不断侵入的寒气让我对青鸟为奇谈辩护的语调和语气都感觉极其悲哀。

虽然已是四月中旬的纽约，但天气却依然寒气密布，冷风从不远处的哈德逊河谷带着深深的寒气从四周的林子里扑来，一会儿又团团围绕住我，不断又从耳边掠过。站在门前的草地上，我一只手插进羽绒服的口袋里，拿着手机的手却感到异常冰冷。

我仰起头，心里一面默祷，一面不断拭去脸上不断奔涌的泪水。泪水滚热，流过冰冷的脸颊，流出了心底的负重。我忽然扔掉手机，举手向天，心灵的眼睛仿佛看到神派出的天兵天将从宇宙中降临，环绕四周，我心中开始有了一股如释重负的感觉。在那一刻，我清楚，我所有的负担都是来自与我对自己行为的审视和不满，我迫切地希望真正被神救赎的是我自己。从因为好奇接受奇谈先生的排灵开始，我已经偏离了我相信的上帝的灵性场，还搭上了小荷的性命，以及潇潇姐灵里的盲从，所以我感到内心的强烈不安和歉疚。

我前往探望我们教会的一位属灵长者，谈起这件事时，他认为奇谈先生所信所说的一切都是斜灵，因为，一旦到了灵界，就没有了灰色地带，只有黑白两个界限，好与坏，美善与邪恶。如果我们相信上帝就要站在祂的一边，否则，就是加入魔鬼斜灵的阵营。正如圣经所说："因我们并不是与属血气的争战，乃是与那些执政的，掌权的，管辖这幽暗世界的，以及天空属灵气的恶魔争战。"长者与我一起低头祷告，为青鸟也为潇潇姐，请求神的救赎、赦免和遮盖。我们一边大声祷告，我一边感动得泪流满面。

春天即将到来时，我开车去小荷的墓地探望她。我去的那天，阳光灿烂。纽约四月底的春风缓缓从墓地的深处向我吹来，拂过脸颊时，竟然带着一丝暖意，仿佛小荷生前的轻声细语。我翻开手机上小荷生前与我的微信对话，抬头对着无垠的蓝天说，小荷，我知道你的灵正在看着我，请你接受我的道歉和拥抱。等着我，总有一天我们会在天上见。

天上的几朵白云合上又散开，拖着几条奇形怪状的尾巴，仿佛是人们常说的飞碟云。此时此刻，我多希望真正的外星飞碟就在我眼前降落，或许，我可以再次看到笑意盈盈的小荷。

（2021 年纽约）

一个纽约葬礼

一

在我姐姐孟昭然的葬礼前，我见到了二十八年未见的外甥女，孟昭然的女儿应晓图。她原来的马尾辫已经剪成短发，记忆中曾经消瘦高挑的身材变得有些圆滚滚，让我有一瞬间不知道我看到的这位中年女性是否就是当年那个青春勃发的小美女。

最后一次见到晓图是在北京燕莎商店的门口，那年她十四岁，却已长得人高马大，与二十五岁的我站在一起感觉没矮多少。

那年是我赴美读书，找到工作后初次回京。正是北京 90 年代初的盛夏，胡同中仅有的老槐树一蓬蓬盛开的叶伞如同一张绿色的标签插在记忆的深处。五年未见，北京的外貌已经改朝换代，小街窄巷能拆的都拆了，环城高速已经修到了四环。我记得我穿着一条当年相当时髦的超短裙，站在一条陌生的胡同口，探头望向那条深远曲折的胡同深处，似乎闻到了一丝公共厕所的气味，带着我当年熟悉的往事的尘味，向我席卷而来。在纽约生活了几年，我已经忘记了在胡同长大的童年熟悉的气息，甚至生活的简陋。

在胡同口，我叫了一辆红色的夏利前往当年算是高档商店的燕莎商城，满脑子陷落在往事折回而产生的一种可以称为迷惘的情绪中。90 年代初的燕莎宛若一栋鹤立鸡群的豪华建筑，带着精英生活的香水味道，以及可望不可及的那种傲慢姿态在我和孟昭然以及她的女儿应晓图之间画出一道沟壑，起码当年我是这样感觉的。

我花了一千人民币给晓图买了一款新颖的 hello Kitty 限量版粉蓝色吸铁石铅笔盒，以及一大堆学习用品。我们在商城前请路人帮忙拍了一张合影。照片上，三个人在北京难得一见的蓝天白云下仰头微笑。穿着蓝白色学生制服的晓图梳着短发，很有点昭然年轻时飒爽英姿的模样。带着墨镜，穿着一双玫瑰色麂皮高跟鞋的我那时候还很消瘦，比晓图高出半头。站在另一侧的孟昭然在大太阳底下皱着眉头，双眼眯成一线，脸上挂着一丝若有若无的微笑。

我们彼时都不知道，那是我们三个最后的一次合影。我与晓图二十八年后再见时，已是在她母亲的葬礼上了。

二十多年未见，应晓图个子比我还高，胖了不少，已经是一个六年级小学生的母亲了。我很惊诧于时光对人的改变。彼时，我年轻漂亮，刚刚入职美国大公司，前途可谓似锦。应晓图刚考入重点高中，纤细清秀，大有做模特儿的外形。而今，我在纽约一家私立学院教中文，而晓图则在北京的一家重点高中担任英文老师。二十多年后，我们的道路再次相交，殊途同归。

“让晓图做模特吧”，我记得那时对昭然说：“她可以出去闯荡世界，增长很多见识”。

孟昭然听了，白了我一眼，当我是怪物。我和她是两股道上跑的车，彼此成长的时代不同，想法也完全不一样。

孟昭然大我十岁。当年十五岁的她自愿报名上山下乡到黑龙江建设兵团时，我还在幼儿园，八年以后她回城，我已经快上初中。八年虽然不算长，但让我们彼此错过了成长年代最重要的时期，因此再见的时候感觉相当陌生。当年回城的知青中，很多人报考了恢复不久的大学，但学习曾经优异的孟昭然却没有走那条路，而是在母亲的安排下安插到北京的一家国家机关做了打字员。我初中毕业时，她结了婚，婚后不久，就做了晓图的母亲。从某种意义上来说，虽然我们是一奶同胞的姐妹，但因为十岁年龄的差别，以及时代大背景后的国家在政治经济上改弦更张，导致了我们姐妹之间时代的落差。

我回北京的那年夏天，孟昭然已经与晓图的父亲应晓军离婚，与她后来的老公王古同居在一起了。据应晓军说，孟昭然婚内出轨，跟他们机关的部长司机王古搞到了一起。

“那个王古仗着是部长的私人司机，专门搞别人的老婆！“应晓军愤怒地跟我说。

我们坐在东四附近老城区的一家老旧的小餐馆里，讲述着他与孟昭然的事情。曾经是工农兵大学生的应晓军提起孟昭然的情人王古就忍不住咬牙切齿。应晓军人高馬大，留著寸頭，穿著不合身的蓝色外套。如果再加上两个白色袖套，他就跟工厂的锅炉工一样毫无二致。

望着小馆子玻璃窗上因多年未擦干净而形成的朵朵暗花，听着应晓军的声音在下午没有客人的屋子里嗡嗡回响，我忍不住想起当初他们两个开始交往的时候，以及在他们之前，昭然与她前男友，一个高干子弟李俊君的恋情。

岁月的残忍不在于它是一把时光的利刃，可以把人变老。最可怕的是这把利刃在杀掉人的青春前，先把你的爱，把你对你所爱的人的全部美好统统消磨殆尽，剩下的只有恨，那种让人变得面目陌生狰狞的恨。

“你知道吗？“应晓军突然怒气未消地跟我说：“晓图不是我的亲生女儿！”

这下我被震惊了，飘走的思绪重新回来，盯在应晓军的脸上。那张脸因为怒火已经被烧成暗红色，在餐馆下午半明半暗的屋内光线中闪烁着诡异的光泽。

我盯着他看，不相信自己的耳朵。

“我后来才知道，她跟我结婚的时候已经怀孕，怀着她前面那个男人的孩子，我他妈的被她暗算了！“

我脑中急剧闪过我曾经见过的镜头，试图想起昭然的前男友，以及她过往的一切。十年的时代隔阂让我对昭然过往的记忆变得依稀，想起来的碎片都是惊鸿一瞥。

然而跨越时光长河，我仍然清晰地记得李俊君的面容，轮廓分明的英俊面孔却充满忧郁。个子高高、姿态沉稳，让人看了怦然心动。我不明白为什么昭然要跟他分开，我记得那时，他看昭然的眼神都充满了浓情蜜意，在我少年的记忆中留下了深刻的印象。

我顿悟，原来昭然与李俊君怀孕在先，然后匆匆嫁给了应晓军。这就解释了她为什么连大学也不愿意考，先急着结婚生子。

我不禁替孟昭然感到不值，为了一个她爱过但又抛弃她的男人放弃了自己上大学的梦想，嫁给一个不爱的男人。要是我无论如何也做不出来！

孟昭然闹离婚的时候我在美国上大学，听母亲说过这件事。母亲说她也不明白为什么孟昭然结婚才三年就要离婚，而且居然愿意放弃女儿应晓图的监护权。

应晓军告诉我，他也是离婚后才从别人口中得知孟昭然的前情旧事，才恍然大悟自己不是晓图的亲生父亲。

我听了松了口气，说：“原来你也是猜测啊？”

“猜测？“应晓军不满地说，”我们从认识到结婚不过两个月，婚后七个月她就生了晓图！都说十月怀胎，她如果十月后生才是我的孩子啊”！

“你们结婚前那两个月没有发生过什么吗？”我不得不问。

“没有”，应晓军斩钉截铁地说：“我俩是新婚之夜才那个的！所以说时间对不上啊！”

如果昭然真的是未婚先孕，应该急着与未婚夫发生关系在前，结婚在后，那有这样傻的，让人算出时间不对，我忍不住肚子里暗想。

“你现在是被王古气昏了头”，我胡乱安慰他说：“才越想越不对劲儿的。七八个月生孩子也不是没有，尤其生女儿容易早产”。

虽然，这件事就这样含含糊糊地过去了，但在我的心中却埋下了一个种子。随着时光的流逝，应晓军已经被我忘到后脑勺，那个小饭馆也早已被拆。北京这个城市如同孟昭然与应晓军的一段婚姻，早已改变得物不是人也非。

二

纽约高线公园边上的一间法国餐馆里，我与晓图相对而坐。餐馆长窗的的帷幔半遮，抵挡住纽约初春就已经刺目的阳光。在光影的斑驳中，面前的应晓图神情有些像她的父亲应晓军，憨厚愚钝，脸上似乎永远藏不住笑意，即便愤怒的时候，隐隐的笑意似乎仍然驻留在被气愤涨红的面孔背后。我的思绪忍不住回溯到二十多年前的北京，我与应晓军在那个老旧的餐馆最后的一面。多年前他给我心里撒下的那颗“非婚先孕”的种子此时此刻居然令人惊讶地发芽儿了。 我盯着晓图的脸，暗暗地寻找着她血缘父亲的痕迹。小时候的应晓图曾经如花般美丽，似乎很像那个李俊君，然而此时此刻坐在我对面的中年应晓图的神情却恍然如应晓军。

时隔二十多年再次见面，我和应晓图都被彼此的改变惊讶。我自然是老了，但却没有想到当年 14 岁的应晓图居然也已人到中年，看上去有种超越她年龄的成熟老练。她原来光滑雪白的肌肤也变得晦暗，好像岁月平静如水的流逝沉淀出河床上干枯的土纹，把她压榨出一脸细碎的纹路、每一丝都在诉说着生命的沉闷。

“你说，我妈爱过我吗”？她有些幽怨地问，双眸紧盯着我。

我愣了，有些含糊地回答：“你妈自然是爱你的”！

“那她为什么在我不到三岁时就毅然决然地跟我爸离婚并把我留给他呢”？

我沉默。

我不知道怎么说才好，孟昭然这一生爱过谁吗？我不知道！她出生的时代正好是反右，父亲被打成右派后放逐到青河劳改农场，做俄语翻译的母亲每天在机关忙工作，把她送到机关幼儿园。在机关幼儿园冰冷压抑的环境中，她从未体验过爱的感觉。

我记得有次她跟我说起过那个幼儿园时冰冷的声调：“那哪里是幼儿园、分明是孤儿院！”

她说这话的时候，我眼前马上浮现出《简爱》里的英国孤儿院的镜头，寒冬中得肺结核病死的女孩，冷风中被迫罚站在凳子上的简爱。那时断时续的咳嗽声与风声构成了我成长时期的画面。

文革时，孟昭然刚念完初中，响应号召去黑龙江建设兵团。那年，她不过 15 岁。

兵团六年后，孟昭然病退回家，不到两年就结了婚，搬进丈夫应晓军的家。

结婚那天，十六岁的我陪着她骑车从东城到西城，在西单的一个商场买了床新被子，然后再骑车到位于复兴门的应晓军家。那天到了终点后，我们都疲惫不堪，回想起来，这是我们姐俩最后一次一起骑车穿城而过。我记得那天她穿着八十年代开始流行的西服，烫着一头蓬松的短发，胸前别了一朵纸花，好像她虚妄的青春年华。

在黑龙江兵团的那六年，我不知道孟昭然是怎么渡过的，她也很少提起，我只知道她在兵团里同宿舍的女友在劳动中溺水而亡，给她的打击很大。从此以后她就不再谈起在兵团的生活。

我不知道孟昭然这一辈子爱过谁，或者说她是否爱过任何人。

她的一生如同一张费解的地图，对我来说充满了奇怪的符号。虽然，我们是姐妹，但她的人生对我来说是一个谜。

看到我的沉默，应晓图反而解嘲般地笑了，她疲惫感十足地说："反正我妈已经去世了，问这些干什么"。

我知道应晓图是有备而来，她的这个问题已经徘徊在她心中几十年，她想找到答案。

"你父亲知道她去世了吗？"我问

"反正我没有告诉他"，应晓图说："怕勾起他旧时伤痛。"

据应晓图说，她父母当年的那场离婚，给她父亲带来了极大的创伤。他怎么都不明白为什么孟昭然要离婚。八十年代的北京风尚与我们现在完全不同，离婚是非常丢人的事情，外遇离婚更是不常见，何况要求离婚的是女方。像孟昭然这样宁愿放弃孩子的抚养权也坚决要离婚的女性并不多，因此给好面子的应晓军带来了难以形容的耻辱和伤害。

"可你母亲并没有要放弃你的抚养权"，我忍不住替孟昭然辩护道："你父亲当时拿出孩子来要挟她，说如果你非要离婚也行，但必须放弃孩子的抚养权才行。在那种情况下，我姐姐只好选择放弃你的抚养权。即便是那样，她每个月都付你的赡养费"。

应晓图淡淡地看了我一眼，眼神冷而且凌厉的很像当年的孟昭然。"从三岁起，我就没有母亲，你知道这种从小被人看不起的感觉吗？"她低声说，声音里没有怨气，只有平淡，好像在说别人的事情。只有经历过深刻的伤痛的人才会这样平淡地谈及往事。

我很想拥抱一下应晓图，但是我没动。我想到了孟昭然，在她的一生中，我们姐妹俩从来都没有拥抱过，我甚至不记得我们是否握过手。现在，她已经过世了，我和她之间也许永远也不可能再拥抱了。

"我不打算告诉我父亲"，应晓图接着说："他没有必要知道我母亲的一切，毕竟，他们离婚这么多年了"。

我惊讶，又有点感伤，孟昭然给她们父女两人的伤害无法想象，她九泉之下若知道，会在乎吗？若她真的在乎，当初就不该与王古在一起吧！

说实话，王古是我特别讨厌的一个人，从第一次见到他，我就不喜欢他。

我从美国第一次回北京就是孟昭然与王古来机场接我。昭然在电话中就兴奋地告诉我，王古英俊潇洒，我一定会喜欢他的。

第一眼看到王古，我就失望了。他跟英俊潇洒根本不沾边，个子瘦高，普通话带着浓重的京腔，没有一点吸引人的地方。说实话，我当时觉得王古还不如应晓军那样像典型的北方爷们魁梧高大。我睨视着王古，不明白他有那点吸引住了昭然，让她抛夫离女，冒天下之大不韪与他同居。

在感情这件事上，永远是个花入各眼、因人而异。在昭然一生正经交往过的三个男性中，唯一入我眼缘的就是她回京后交往的第一个男友李俊君。我一直以为昭然会与他结婚，没想到他们一年后居然分了手，昭然最终嫁给了应晓军。

三

昭然死后，我在收拾她的旧物时，找到了她藏在一堆文件里的记事本，娟秀的笔迹记录了她的一段感情经历，填补了一些我对她理解的空白。

在黑龙江建设兵团，昭然从敬佩到暗恋的对象是她们连的赵连长，一个身姿挺拔，军人气质十足的老兵。那时候，军人都是女孩子们倾慕的对象。对正值青春期的女孩子们来说，同年龄的兵团男知青都比较幼稚。相形之下，担任兵团各连队管理的军人们年龄比她们大，经历比她们多，再加上当时对革命军人的宣传，他们自然而然成为这些远离家乡，不过十几岁的女孩子们的父亲替代对象。然而，昭然暗恋的赵连长已婚，老婆孩子都随行住在兵团农场，因此，昭然的暗恋就像一道光掠过地上照出的影子，转瞬即逝。

那个时代，赵连长的“高大全”的军人形象奠定了昭然选择对象的标准。她回城后不久，遇到在机关工作的高干子弟李俊君时，竟恍然觉得他就是那个赵连长的替身。

很快，昭然与李俊君的关系就进入了干柴烈火的阶段。然而，李俊君的母亲却不喜欢昭然，更确切的说是不喜欢昭然的家庭背景。

我父亲的历史背景比较复杂，先是被打成右派送到青河劳改农场改造三年。回到北京后不过十年，又因被定性为“五一六”反革命分子，再次被关押后死于心肌梗死。在机关做俄语翻译的母亲因为丈夫的死心力交瘁，大病不起，无法再做翻译工作，只能到机关文化处做了一名编译，翻译内部资料。

昭然与李俊君交往时，父亲的一系列的罪名虽然终于得到了平反，但还没有落实政策。因此，李俊君的母亲反对儿子与昭然结婚，觉得我家与她家门不当户不对，生怕昭然的家庭背景给他儿子的前途带来负面影响。于是，内心骄傲的昭然不得不与李俊君分手。

最后一次见面时，一对浓情蜜意的恋人相拥大哭。两个人在北京城的暗夜中从城内走到城边，一直走到天明，舍不得分离。

“你就当我不存在吧，或者干脆当我死了！”李俊君跟哭成泪人的昭然说。

昭然紧紧的抱着他的脖子不肯松手，泪水打湿了他肩上的衣服。北京的寒夜幽暗漫长，静得听得到城外传来火车时断时续的鸣笛。

对于昭然而言，那夜的悲伤的情景像刀痕一样刻在她的心底深处，成为多少年都无法治愈的的心理伤痕。

在感情最深处的痛苦之中，昭然经人介绍认识了结婚对象应晓军。虽然她根本就不爱应晓军，但是还是勉强嫁给了他，因为她无意中发现自己已经怀孕了。

在与应晓军不到两个月的交往中，昭然在感情与肉体上都无法接受对方。直到新婚之夜，两个人才发生了关系。对昭然来说，新婚之夜她的百般拒绝，以及应晓军最终霸王硬上弓的强暴式的同房更在她的伤痕上涂上了盐、让她痛不欲生。

谁都无法想象，昭然与应晓军的婚姻在大众的眼里是一对郎才女貌的模范夫妻。而关起门来，却沦落成强奸与被强奸的关系。这一切根本上奠定了昭然与应晓军最终离婚的原因。

看完昭然的日记，我的心如同坠入冰窖一般寒冷。我点火烧了这个本子，让袅袅盘旋的烟火为昭然这段绝望感情独白的送终，成为她死后的香火。

四

“你有没有通知王古我妈的事儿？”电话上，应晓图问我。

我是在孟昭然的通讯录上找到应晓图的微信联络方式。当我打电话过去，通知应晓图她妈妈在纽约去世的消息时，她并没有感到很震惊，相反，我的声音反而哽咽起来。我没有想到，昭然的去世在我的心里还是留下了一些沉重。

我并没有预期应晓图会来纽约，她说她手上有赴美的签证，可以马上赶到纽约来参加母亲的葬礼。国内因为武汉的疫情开始封城不久，从北京来美的班级还正常运行。应晓图买了机票后，便通知我她到达肯尼迪机场的时间。电话上，她鬼使神差地提到王古。

我说没有，因为昭然与王古离婚多年，我找不到王古的联络方式。在昭然的通讯录上，存有王古多年前在北京的地址和电话。这么多年过去，不断拆迁的北京日新月异，旧时的联络地址和号码恐怕已不复存在。

“我跟他也没有再联系”，应晓图语调黯然地说。

再联系？说明她与王古曾经保持过联系，那个被她父亲应晓军咬牙切齿痛恨过的一手破坏掉他婚姻的外遇。

应晓图告诉我，在她母亲离开北京去美国定居之后，她开始与王古有了交往，因为母亲与她的信件交往及母亲每年寄给她的各种礼物、包裹都是通过王古转交的。她父亲并不知道这一切。应晓军后来也结了婚，与新婚老婆搬到了香港居住。

父亲走后，应晓图一个人住在父亲留下的单位公寓里跟奶奶一起生活。她念完了高中与大学，还给奶奶送了终。工作后不久，她就碰到了现在的老公，然后结婚生子，有了一个可爱的儿子。

我忽然记起昭然曾说过，她不喜欢女儿的男友，一直反对他们结婚。但最终女儿不顾她的反对，嫁给了对方。

我曾经问过母亲，为什么昭然反对她女儿的婚姻。母亲说，因为那个男孩是昭然交往过的一个男人的孩子。

我脑子顿时轰鸣了一下，难道那个交往过的男人就是那个李俊君吗？

“妈”，我急问：：是那个高干男友李俊君的孩子吗？“

”李俊君？“母亲歪头想了很久，居然不记得她大女儿曾经刻骨铭心爱过的男人。母亲年过八旬，已经初露失忆症的端倪。

“应该是她们兵团谁的孩子吧”，母亲回忆道。

我顿然松了口气，放下心来。估计是赵连长的孩子，因为我记得昭然说过赵连长有几个孩子，最小的一个是她离开兵团前不久出生的。

人生真是奇妙，它把原本素不相识的人神秘地安放在彼此相遇的道路上，让他们交往认识。谁能说，这样的安排不是命运使然？

“听说，王古已经再婚了”！应晓图告诉我：“他娶了一个比他年轻很多的老婆，还生了一个儿子！”

我听了并不惊讶，因为我知道昭然与王古多年的婚姻的症结就是不能有一个孩子，确切来说，是昭然不想再要一个孩子。

昭然曾经因心脏问题住进了急诊室检查，发现是焦虑症紧急发作引起的心脏不适和大脑血肿。她住院的几天，我去看望。她躺在病床上回忆往事时跟我说：“你知道我为什么跟王古离婚吗？因为我不能给他一个他想要的孩子”。她的声调带着一种说不出来的无奈。

“你为什么不想要孩子呢？”我问。她木然地看了我一眼，神情好像陷入久远的回忆之中。“我生晓图的时候差点没死掉，医生说我不能再怀孕了”，她回复，眼神明灭如烛。

“为什么？”，我忍不住追问。

“因为在晓图之前，我曾经做过一次人工流产！”，她木然的说道。

迷底揭开，原来昭然人生中的第一次流产是她与兵团赵连长的孩子，在团部所在的一个市医院偷偷做的。赵连长把老婆的证件偷出来让昭然冒充成赵连长老婆，得以做了手术。

那次人流给昭然的记忆涂上了一个黑色的印记。她说，她和十几个一起做人流的女人们就像在公共澡堂里淋雨一样，脱下衣服，裸露着下身在一个屋子里被护士手中拿着的水龙头管子轮流冲洗，然后，再这么裸露着排队，忍着身心俱袭的寒意，一个个在手术室外等着接受人流。

手术室里一共有三个床位，每一次做三个手术。昭然走进手术室的时候，就看到里边床位的两个正在做手术的女人正在痛苦呻吟着。白色的床单上殷红色的血迹如此刺目，给她留下了深刻的印象。

那次人流不过进行了 20 分钟，但在昭然的记忆中，却如小半生那样漫长，她记得疼痛让她浑身冒虚汗，手紧紧抓住床边的铁铁栏试图减轻痛苦，拼了命忍住发自心底尖叫的同时，听着耳边自己发出的类似野兽受伤时的沉重嚎叫般的呜咽。

“自从那次后，我发誓宁死也不再做人流了“，昭然说。

那次对话是我跟昭然唯一一次敞开心门的交谈，出院后，昭然再也没有提起过这件事，我也自然将这段对话连同后面的往事一起埋在心底。连跟母亲都没有提起过。

不过， 每次想到这件事情，我都会觉得蹊跷。昭然与赵连长之间到底是什么关系， 她最后能够被批准返城是因为她与赵连长的私密关系吗。

记忆深处，我忽然想起了一张照片，那是昭然返城后与兵团前来探访她的几个人在陶然亭公园拍的。照片中一个穿着绿军装的中年男人及身边一个农村模样的中年妇女与周边几个穿着深蓝制服的年轻人显得格格不入。昭然靠在中间男军装的身后露出半个身子，她穿着深蓝色上衣，领子处翻出里面洗得雪白的衬领，感觉朝气蓬勃。难道那个中年男人就是赵连长吗？在记忆深处，我搜索着这张照片上每一个人的面貌，目光长久的停在那个中年男人的脸上，他的微笑带着憨厚朴实，国字脸上一双浓眉透露出几分军人的气质。如果他就是赵连长，说明在昭然返城后，他还带着老婆前来看望过她。

我头脑的目光凝视着昭然年轻充满朝气的面, 在她的微笑后面, 探究着她在兵团时与赵连长的故事。自然这不是一个浪漫美好的故事，在那个特殊的年代，与军人的婚外情可以导致她的身败名裂，甚至入狱。

五

北大荒的那个春天夜晚，是昭然一辈子都不能忘记，却不愿意再回忆的一个时刻，冥冥之中奠定了她未来人生的走向。

兵团六年，昭然唯一敬佩，甚至暗恋过的男人就是他们连的指导员赵连长，一个尽管人到中年，但身材仍然挺拔，体格健壮的军人。赵连长为人勤恳，做事踏实，不管是带领兵团战士在大豆田里除草，还是割麦子或者挖沟修渠，他都身先士卒与青年们一起干，对他们在生活上、劳动上也都非常关照，很受兵团战友的爱戴。

所谓暗恋往往是心有灵犀。赵连长其实也是喜欢昭然的。她不仅漂亮、充满青春的朝气，干起活来也能吃苦耐劳，没有一点儿城市女青年的娇气。他不知道的是，昭然的拼命苦干是因为她想努力表现得到回城的机会。兵团的半军事化的管理以及日复一日的超强劳动负荷已经让昭然无法忍受。

兵团每年都有推荐工农兵大学生的指标，这个指标也是知青们梦寐以求的回城捷径。按昭然的苦干和能力，她应该有机会被推荐为工农兵大学生的。但每次推荐都跟她擦肩而过，让生性好强的她内心充满失望和落寞。

几年过去，昭然认识的几个不同连队的女知青，有的被推荐成为工农兵学员回城。有的通过关系被转到地方参军。还有因病被退回城里的家。很快，她就感到了彻底的孤独。在一次长途运送粮食的路程中，她同宿舍最要好的一位女知青不幸掉进冬天的冰河而亡。这件事成为了压倒骆驼的最后一根稻草，给昭然带来了致命的打击，她因此生了一场大病，卧床不起。

在昭然经历感情低谷的难受时刻，赵连长叫她爱人煮了鸡蛋送到昭然的床前，还叫连部卫生员去给她送退烧药。连长做的这一切在昭然孤独无依的心底激起温暖的涟漪，她把所有的希望都寄托在连长的身上。

昭然在兵团的第五年曾与一个天津男生有过一段若即若离的柏拉图式爱恋。男生给昭然传过几次情书，在晚间的小树林里与昭然有过一次匆匆的单独见面，就被兵团的晚间巡逻组发现。当时，兵团明文规定不许谈恋爱，男女不能单独见面。因此，两个人分别受到了组织的批评教育。 昭然是一个自尊心极强的人，组织上的批评对她来说不啻是一个打击，她觉得自己完了，被推荐上大学的机会恐怕也从此没有了。她变得情绪低落，每天都提不起精神来。赵连长发现昭然的情绪不对，便叫她同宿舍的一个女生多留点神盯着她，防止她发生意外。那个女生有个晚上发现昭然独自去小树林，马上跟着她后面走到小树林，看到昭然边哭边烧天津男生给她的几封情书。

这件事情发生后不久，昭然就被推荐去团部做文职工作，推荐的人就是赵连长。他不忍心看昭然在连队生活的这么艰苦。如果她去团部工作的话，各方面的生活条件自然会比在连队好很多。

昭然准备去团部的一个夜晚，与赵连长两个人在连部的厨房外聊天。春天的北大荒星空灿烂，一望无际的草甸子在黑黝黝的暗夜中充满神秘。来自遥远的饶力河的夜风从草甸子的上空飘过，充满了野花盛开时的田野大地特有的湿润香馨，让人忍不住沉醉。迷人的夜色下，昭然鬼使神差地向赵连长倾诉了多年压抑心底的苦闷。说到伤心处，她忍不住泪水滂沱地抽搐起来。赵连长顺理成章地抱住昭然安慰着。

昭然与赵连长的亲密关系不过就是那一晚上偷偷摸摸的几分钟，但是那几分钟却孕育了一个双方都不能要、也不敢要的生命。赵连长是一个负责的人，他想尽办法安排昭然去市医院做了流产，然后悄无声息地向领导递交了转业复员的报告。 他知道，如果他和昭然的事情曝光了，他会被判刑，昭然也会面临无法预料的厄运。

昭然去团部工作以后，与赵连长彻底失去了联系。她将此事埋在心底的一个黑洞中，从没有跟人再提起过。昭然当时年轻，不懂得这个夜晚对她心理的潜在伤害影响了她的一生。

1976 年，昭然终于病退回到了北京。参加工作后不久，她就遇到在机关工作的高干子弟李俊君，彼此一见钟情。李俊君隐隐约约让昭然想起了赵连长的男子汉气质。但与从农村来的赵连长不同，李俊君是高干子弟，长得高大英俊，举止温文尔雅。第一次看到昭然，李俊君马上就被她的那种混合着城市和乡野的美吸引住了，他对昭然展开了热烈的追求。

昭然与李俊君的恋蜜月期持续了一年，两人发誓非对方不娶不嫁。然而，昭然和李俊君万万没有想到，李俊君的母亲以门不当户不对为名，活生生一手拆散了他们。

昭然与李俊君的一场恋爱连一张照片都没有留下，却留下了一个并不知晓他们过往一切的孩子，一个没有父母在身边关爱，独自长大的应晓图。三十多年后，应晓图在纽约疑惑地探究着，她母亲昭然是否爱过她。

六

整理昭然的杂物时，我发现了一个公文袋，里面是昭然与王古的结婚照和红字烫金的结婚证书，还有昭然和王古离婚前的一些往来邮件，都被昭然打印出来订在一起，可见她与王古的婚姻在她心中具有重要地位。

昭然与王古的相识始于他们机关的一场春节联欢会。在联欢会上演唱的昭然浑厚的歌声让王古一见倾心。虽然，他知道昭然已经结婚生子，丈夫也在同机关工作，在机关大院里低头不见抬头见，但他还是忍不住对昭然表示了他的爱慕。

王古是退役军人，曾在部队里当勤务兵，练出一副照顾首长的本领。对昭然来说，王古一举一动透露出来的军人气质和善于照顾人的本事都吸引了她的注目。

昭然当时正在与应晓军无爱的婚姻中挣扎，绝望的看不到出路。

王古的出现如同夜幕中的一盏灯，一下子就照亮了她眼前的道路。

王古与应晓军完全是两路人，他给一位首长当司机，结识了各路人马。因此，王古有本事搞到别人根本搞不到的特权。他知道昭然喜欢颐和园的静谧，他就有本事联络到管理人员，在颐和园开园前，或者闭园后、带着昭然进去，领略一般游人看不到的那种空无一人的静寂风景。

与王古肩并肩、手拉多手地游览北京的皇家园林是昭然最美的恋爱。他们沉浸在日出与日落霞光万丈的辉煌美景中，流连忘返。他们在颐和园的后湖边，在香山顶的丛林中都做过爱，肉体与大自然的美妙风景融合为一体的妙曼感觉是昭然这一辈子都难以忘怀的。相比起在兵团与赵连长偷摸的一次苟合，与李俊君几次私密的交往，以及与丈夫应晓军强迫式的婚姻关系，王古给昭然带来的则是一个人女人在成熟的年华里最美好的享受，这种美好是她从来没有经历过的。为此、昭然愿意用任何代价来换取她与王古在一起的时光。当王古跟昭然提出将他们的关系发展进一步时，昭然义无反顾地提出与应晓军离婚。自从成为王古的情人后，昭然已经不想再踏进自己的家门。她从心理和身体上都无法再忍受应晓军的存在，以及他们畸形的婚姻关系。

因为王古，昭然与应晓军拉开了一场离婚大战。最终，她在应晓军的紧逼下，同意选择放弃孩子的抚养权来拿到应晓军的离婚同意书。

为了掩人耳目，昭然放弃了国家机关的职位，辞职到了一家私人旅游公司工作。等到她的离婚终于尘埃落定，便与王古结婚。

婚后几年，王古打算要孩子，但昭然却不想再生孩子。时间长了，两个人之间开始产生裂痕。我回北京的时候曾经住在昭然家里，目睹过王古与昭然之间的争吵，基本上都是王古不断指责，昭然默不作声。 当时，年轻气盛的我无法忍受他们两个之间的这种不平等，曾经与王古大吵，指责他不应该拿昭然当出气筒。王古像疯子一样冲我大喊大叫，毫无理智或者节制可言。昭然看着我们争吵，便在一旁装聋作哑。

我未曾经历过他们火热的恋爱时期，自然不明白他们俩个之间也曾经有过爱的甜蜜。 在我的眼中，能说会道却肩不能扛担，手不能提篮的王古一无是处，还不如貌似憨厚的应晓军。

昭然原来并没有打算与王古离婚，但几年后，她发现王古与一家服装店的年轻老板娘搞到一起还怀了孕，不得不提出离婚。

原本，昭然就被王古要孩子的压力搞得精疲力尽，虽然发现王古出轨还是隐忍着，总是想着她与王古之间的感情超越孩子和性的需求。

王古其实也不想离婚。那时，我母亲早已经移民美国，将北京的公寓留给了昭然。 王古不愿意跟昭然离婚的其中一个原因就是不愿意搬离昭然的那套公寓房。 他宁愿脚踩两只船，老婆、情人都挂着，也不离婚。

三个人就这样尴尬了几年，直到最终王古的情人怀孕了，而且还是个男孩。一直想要孩子的王古梦想成真，被迫在老婆和情人之间做出选择。他回家跟昭然摊牌，痛苦地说让昭然作出选择，为了他的孩子，他必须要给情人一个名分。昭然清楚王古的两难境地，只得同意离婚。王古抱着昭然落泪说：“我们还可以做情人，因为我还爱着你”。

离婚后。昭然与王古以情人的关系秘密来往了一段时间，但是内心骄傲的她无法接受地下情人的身份。于是，她通过母亲的关系移民美国，离开前将北京的房子过户给了王古。对昭然来说，王古这辈子给予了她一个女人在感官上的享受和尊严，不管王古与她的结局最终是什么，她对他也感到情有可原。

移民美国的昭然失去了一切，青春年华、爱过的男人、两次婚姻和一个女儿。当然，失去更多的还有应晓军和应晓图父女，他们永远不知道昭然到底是为了什么放弃了他们两个，为此，他们多年陷入自我的痛苦和愤怒中。

我望着孟昭然和王古当年的结婚照，昭然穿着明显租来的，却不合身的白色婚纱，满脸带着微笑站在穿着深色西服的王古身边。整张结婚照充满着过度修图的虚假，让我感觉他们的婚姻好像都不曾真实过。

七

孟昭然的葬礼在曼哈顿下城的一家殡仪馆举行。总共只有三个人出席，我、她女儿应晓图和她的先生。

昭然在纽约几乎没有朋友，或者说她已经跟她仅有的几个朋友断了联系。我按照她生前的通讯录，一个又一个电话打给她在纽约的联络人，但大部分电话都早已换了，无法接通，能够联络到的都是与昭然有微信的两三个人。听说她突然去世，也只发出几声兔死狐悲的感叹。

我发觉在昭然的一生中，她所有的朋友都是阶段性的。她与初中同学以及黑龙江建设兵团的人都已失联，尽管她还保留着与他们的合影。她与应晓军及王古两段婚姻中的朋友也都刻意断了联系。除了她来纽约二十多年中结交的一些同事或者邻居，昭然没有朋友。 我想，她之所以这样做的原因就是不想让任何人知道她过去的经历，那些伤心的往事如同黑暗的日子被她封锁在一个个公文包里，混在杂物之中。也许，她试图忘记的那些往事偶尔会在夜深人静时在她眼前回映，如同那些证实了她的青春真实存在过照片和信件。那些发黄的照片和字迹是她青春年华的唯一记录。

我把昭然身后留下的一些值钱的东西包括首饰和衣服箱子都交给晓图，她却摇头不要，她只拿了几张她与母亲小时候的照片，除此之外，她什么也不想带回北京。

“对我来说，这些东西都没有用了”，晓图说：“如果你要，你就拿走吧，包括她的骨灰”。

我明白应晓图内心的感伤。她一生中最需要的就是母爱，而她却从来都没有得到。对她来说，孟昭然就是一个名字和一个符号，除此之外，她无可留恋。

孟昭然的葬礼之前，我们三个在曼哈顿的一家咖啡馆聚集聊会儿天。我希望利用这个时间，多了解一下晓图的先生。我对传说的他可能是兵团赵连长的儿子一事感到极度好奇。我知道晓图并不了解她母亲的过去，但是我清楚昭然肯定是知道的，不然她不会强烈反对他们的交往。

晓图的先生看上去是一个极其普通，看不出具体年岁的男人。他穿着随便，形象模糊，无法给人留下什么印象。我忽然想起那张昭然回城后与兵团战友们的合影，里面出现的中年军人和老婆。我重新把那张黑白照片在记忆中翻阅，希望在晓图先生的脸上找到一丝熟悉的痕迹。如果他真的是赵连长的儿子的话，那么我只能说，他看上去更像他的母亲，乡里乡气的，没有一点特色。

晓图说她与先生在工作后认识。他大学毕业后留在了北京，在北京一家重点中学的招生部任职，几年后被提升到副主管。晓图大学毕业后被分配到那家中学做教师，因此认识了她先生。晓图跟他交往开始就觉得俩人之间有一种似曾相识的感觉，这种感觉让她觉得非常温馨踏实。虽然，她先生不是北京人，年龄也比她大八岁，但是他对晓图无微不至的关怀让内心缺少父母疼爱的晓图感觉充实。

“你父亲在黑龙江工作过吗？”我问晓图的先生。

“他在黑龙江生产建设兵团工作过九年“，他点头说，好像有点奇怪我怎么知道的。

那就是了，我心里暗自思忖着，又开始看似不经意，实则有心地查问他父亲的过往。晓图的先生不是一个喜欢藏匿的人，他直来直去地回答着我的好奇。

赵连长退伍复原后，带着一家人回到山东老家务农，还当了村长。晓图的先生学习成绩一直优异，高中毕业考上了北京的大学，毕业后留在北京工作。工作几年后，他遇到了晓图，一见倾心。俩人的恋爱波澜不惊地徐徐进行，直到结婚。

俩人准备结婚时，晓图跟着先生回山东老家看望了他的父母。他父母特别喜欢晓图，尤其赵连长，对晓图的那种喜爱和照顾比对自己的儿子都好。晓图决定嫁给先生的最重要原因除了爱，就是他父母对自己超乎寻常的好，这是从小跟奶奶一起长大的她一直梦寐以求而无法得到的。

我听着，没有作声。赵连长肯定从晓图的脸上看到了当年的昭然，她们母女俩如同一个模子里刻出来的，除了高矮不同外，年轻时的样子几乎一模一样。青春如水，一去不回，对大部分人来说，留下的只有对青春的回忆，而对于赵连长留下的更多是几十年前，在北大荒睡过的一个青春胴体的回忆。

望着咖啡馆落地窗外纽约街头雨雪迷蒙中模糊的车水马龙，我陷入由孟昭然的照片、记事本以及文件袋里各种过往的尘埃编织出的往事长河中。在时光流逝的波光中，我看到了昭然最初青春飞扬的模样，以及走过不同时代，经过不同男人之后的逐渐改变。

我不知道上苍安排为什么要安排晓图与赵连长的儿子结婚，是为了让赵连长通过儿子来赎回对青春年少的昭然犯下的罪过？还是要让多年失去母爱，生活在内心痛苦中的晓图从先生一家那里找到最终的温暖？或许，老天要让昭然看到她女儿平和圆满的婚姻给带来精神上最终的释怀？

“你妈妈有见过你先生的父母吗？”我终于忍不住问晓图。

“没有。我们办了两个婚礼，一个在北京，一个在山东，我妈只参加了我们北京的婚礼，我爸和她父母只参加了山东的婚礼”，晓图说：“其实，我妈坚决反对我们结婚的！我不明白为什么，难道她不希望自己女儿快乐吗？！”

我曾听母亲说起过为什么昭然不同意晓图的婚姻，因为她觉得晓图的先生是外地农民出身，与晓图门不当户不对，无法给晓图带来幸福等等。听起来，这些话跟当年她的初恋男友李俊君母亲的话惊人相似，好像隔着一个时代的重复。

昭然这些结论的背后当然隐藏着她内心无法言语的痛。过去的人和事都被她抛弃了，最起码按照她认为最好的遗忘方式断绝了联系。但是过去的人生里遇到的人和事，经历过的爱与痛却难以忘怀。

不管昭然如何看待她与赵连长的那段过往，她对她初次流产的痛苦记忆却是铭刻终身。在那个时代，那种环境下，一个十九岁的女孩怀着这种永远说不出口的惊天秘密，忍辱负重地活下来本身就是生命无法承受之重。

我无法想象昭然在女儿的婚礼上，看着她唯一的骨血被赵连长的儿子拥在怀里的感觉。那一刻，她肯定想到了当年她与赵连长苟且的那个春天之夜，以及她在医院流产手术床上的痛苦挣扎，那些镜头是黑色的浓重染上的青春躯体的鲜红，压抑得让她无法呼吸。她一生中的两次怀孕都给她带来了巨大的痛苦，一次人流，一次虽然冠冕堂皇地生下来，但代价就是嫁给一个她不爱的男人为妻，不得不接受婚姻这个冠冕堂皇牌子下的婚内性暴力。

我明白昭然最终选择与女儿疏远，一方面两人相隔万里，每几年见一次面不容易，一方面她不愿意见到晓图的父亲和丈夫。

但晓图却并不清楚她妈妈的内心和行为。对她来说，母亲就像一个可望而不可及的梦，这么多年来时间与空间的疏离让她感受不到来自心底的关爱。

八

葬礼前，当我把昭然病逝的讣告在一家中文报纸的付费角落发出去后，收到了一封来自澳洲的邮件，竟然是昭然的前男友李俊君。

李俊君说，四十年来，他一直无法忘记昭然，那个他当初爱上却不得不分手的女孩。她就像一句美丽的口号挥不去，四十年来刻印在他的记忆深处，常常让他夜不能寐。一别四十年毫无音讯的昭然忽然出现的时候居然是在讣告上，他难以相信。他说他哭了几天几夜，大病一场。

他反反复复讲述了昭然与他分手的最后一夜，他们如何抱头痛哭，他如何送她到车站，把手上的唯一的二十块钱偷偷塞到她的外衣口袋里，然后看着她上了汽车，忍不住泪满襟的一幕。

他说："得知你姐姐过世，我心如刀割，万分悲痛！没想到78年车站的那一别，就是我们的永别！这个世界太残酷、太不公平了！本想我们退休后都有儿孙、可以在一起可以好好叙旧！安度晚年！真没有想到她就这样匆匆地走了！给我留下最深的遗憾与心痛！我们之间有多少心里话没有叙说啊？一切来的太晚了！我唯一想在生前最后见她一面的希望彻底落空了！"

昭然是李俊君一生之爱的亮点，多少年来温暖着他内心深处。他曾经试图去找过昭然，甚至到了她以前居住过的地方派出所打探她搬走的时间和新的地址。虽然，他已经结婚，有了孩子和孙子，但他心里始终放不下的人却是昭然，他的初恋。

李俊君没有跟任何人说起过他内存深处的挚爱，包括他自己的母亲。他无法抱怨她，因为在当时的环境下，她也是为了儿子的前途做出的选择。后来，李俊君娶了母亲老战友的女儿，过着门当户对、风平浪静的生活。多年后，他儿子到澳洲留学，与当地的女子结婚留在了澳洲。李俊君夫妻思念儿子，也随后移民澳洲。

时光荏苒，李俊君脑海深处始终无法忘怀孟昭然，他一直托在国内的朋友们打探昭然的消息，然而随着昭然移居美国，他的探究始终没有结果。后来，还是他住在美国的一个朋友看到了我刊登的讣告微信给他，他才找到我的联系方式。

我当初刊登讣告的原因表面上是给昭然一个纪念，毕竟一个大活人离开了这个世界，总该有些纪念吧，但潜意识中，我或许都没有想到自己可能就是姜太公钓鱼，等待着昭然过去的熟人与我联络。

李俊君的微信平复了我心中的涟漪。毕竟，他对昭然经久不息的怀念让我觉得昭然这辈子活得还是值了。只是，李俊君做梦都不会想到他与昭然还有一个非婚女儿晓图。如果当初，他们俩都知道晓图已经孕育在昭然的肚子里，他们未必会分手。冥冥之中，上天已经给他们的道路做出了不同的安排，最终的结果自然也超越我们的想象。

期望有来世，李俊君在邮件中说，我们能再有一次机会，我一定不会与昭然分开！在我心中，她是最完美的记忆。

李俊君的邮件给昭然的一生划上了完美的句号，让她的一生因为一个深爱她的人重新美好起来。

葬礼前后，我没有跟应晓图提到李俊君，她的生父。过去的往事发生都是有一定的原因，那些过往的不愉快就让岁月埋葬吧。我也没有跟母亲提到昭然的葬礼，毕竟，昭然在她死前的两年已经不跟母亲往来，对母亲来说，昭然早在几年前就死了。

我们在纽约郊区的一个公墓里买了一块小墓地，将孟昭然的骨灰盒埋了进去。墓地坐南朝北在高坡上，一年四季都见得到阳光。我记得孟昭然生前有一次跟我说："等我死了，一定要把我埋在温暖的地方，要我在寒冬也可以看得到阳光"。现在，她不会再冷了。

离开墓地的时候，纽约二月冷冽的寒风卷起了晓图的发梢。道别时，我终于拥抱了一下应晓图，感觉隔着她，我最后拥抱了一下孟昭然。

”知道吗，小姨，我还保留着你当年在燕莎给我买的 hello Kitty 限量版粉蓝色铅笔盒。那是我得到的最好看也最喜欢的礼物“，应晓图说。

二十多年了，她居然还保留着那只铅笔盒，我的心抽搐了一下，我知道她内心敏感，这点很像昭然。

孟昭然的葬礼是在纽约 2020 年初春乍暖还寒的二月底举行。很快，纽约因新冠病毒的疫情蔓延进入封城。如果再晚半个月，昭然的葬礼就不可能举行，应晓图也不可能来纽约参加母亲的葬礼，人生的安排有时就是这么凑巧，我们往往无法预测或知晓！

（2021 年纽约）

北京往事如尘

上篇

连续几天醒来后，我都有恍如隔世的感觉。同一个时辰，阳光从落满灰尘的玻璃窗无拘无束地照耀进来，光束中一粒粒灰尘清晰可见地漂浮着。我扭头看看身边的欧阳予，与此同时，他也醒来眯着眼睛看着我，嘴角仍是那丝隐隐的笑意。我抬手抚摩他的脸，连这一动作都是几天早晨连续一致的。

"你醒了？"我听见自己的声音饱含着心有所属的满足，但也带着难以置信的惊讶。

他依旧不答话，而是温柔的将我抱在胸前，仿佛抱着他初生的婴儿。

我惊讶这一切是否是真的。

一星期前，我从纽约赶回北京为公司在开发的一个合作项目进行洽谈的时候，根本没有想到和欧阳予的故事会是这样继续的。自从六年前离开北京去纽约念研究生后，我和欧阳予一直没再见过面。而五年前，我们也不过是认识两年多的普通朋友罢了。

"你笑什么？"他的声音在早晨总是有点肿的发干的感觉，但仍旧带着一种暖暖的温情。

“怎么会是这样？我们做了七年的朋友，难道从今以后真的一切都改变了吗？”我不是在问他，而是在问自己。真的，我真的很惊讶！

“那还用说。”他侧过身来，用一只手支着头，带着意味深长的笑意看着我说：“我们会结婚，会有一双可爱的儿女；然后我们就一起衰老，就像俗话说的白头偕老！”

我知道我很快乐简直是幸福。但我的声音还透露出我的震惊！人往往是这样，幸福上升到头就会怀疑一切是否是真的。虽然在此用乐极生悲不太确切，但就是那种乐极反而担心生悲的感觉！

“你不过患得患失罢了！”欧阳予总是喜欢用在这四个字。虽然这是四个很普通的字，但他讲完后，我的头脑便开始混乱不清这四个字到底是什么意思。

也许这一切发生的太快，好像你突然在街上摔了个跟头后，半天回味不过来是怎么一回事。我迷惑地望着欧阳予一脸平静的微笑，好一阵子回不过神来。

一

六年前的那个周末的上午，我接到欧阳予的前老婆李霞的电话时，刚过二十岁生日。我记得很清楚，生日的前两天，我中学时代的好友李霞在“失踪”两年后忽然出现在我面前。

李霞的出现非常戏剧化。

三月的天气，北京下着第一场蒙蒙春雨。空气中充满了万物初萌的那种新鲜气味。

李霞撑着一把红色尼龙伞出现在我家那栋灰色居民楼前。她中学时就留的长辫子不见了，削了一头极短的像男孩子般的头发。八十年代初期的北京远不及现在时尚，女孩子们大多是齐耳短发或弯弯曲曲绵羊一般的烫发，直长披肩发刚刚开始在城里流行。李霞的极短发仿佛是一个在行走的巨大惊叹号，每一个看到的人都不禁再回过头来看一眼。

自从中学毕业后，我考上了北京外国语学院英文系，而李霞像任何一个没有考上大学的同学一样在我们考上大学的同学之间失踪了，我们一直没有再联系。后来听说她好像去了一个工厂工作，出乎所有人的意料。中学时代，李霞曾经是语文课代表，作文从来都是拿满分。大家都觉得以她知识分子家庭出身的背景，去工厂工作简直是低人一等。

没想到，两年后，李霞居然再次出现在我家，我的吃惊非同小可。

“姐们！”李霞依然是一贯的男性般的潇洒，好像两年的时间从来没有在我们之间出现过似的。“两年不见，你混得怎么样？”她还像中学时代那样称呼着我，带着她一贯的男孩子般的洒脱。

两年不见，李霞打扮得极其前卫时髦，穿着一看就是从外面带进来的进口牛仔裤和白色的滑雪衫，高跟的黑皮筒靴，完全不像她中学时代蓝衣布裤的清纯简朴。相比之下，除了个子比李霞高出一头之外，我依然是中学时代的样子，平底的布鞋，洗得发白的蓝灯芯绒裤子。

在李霞的那种春风得意的灿烂阳光的照耀之下，我一点都打不起精神来。说实话，二十岁是我最青黄不接，最倒霉的季节。大学的最后两年，大家都非常担心分不到好工作甚至担心会分到北京以外的地方去，宿舍里整天都弥漫着相互之间暗自竞争的那种紧张的气氛。更要命的是我正好初恋失败，沉浸在一种极度的彷徨中。李霞的失而复现带给我片刻的惊喜。于是，我开始滔滔不绝的抱怨起我的生活、我的日子、我对未来工作的担心，当然还有我那自认倒霉的初恋！

李霞在听我讲话的整个过程中，几乎是不动声色，完全没有她在中学时惯有的那种大喜或大悲的情绪及表情。那时我还年轻，不懂得察言观色，当然也就更不懂得人在蜜运中的感觉。

“我结婚了！”好不容易等我讲完所有的抱怨后，李霞终于得到机会发布她的爆炸新闻：“你后天来我家见见我那位吧，我们有个朋友聚会！”

“是举行婚礼吗？什么时候结的婚？和谁？怎么我全不知道？”我惊讶地合不拢嘴。大学没有毕业之前，婚姻从来都没有进过我的头脑。李霞虽然比我大一岁，但也不至于到了结婚的地步呀。对于我们这种知识分子家里出来的孩子来说，考大学找到好工作是至关重要的问题，而婚姻则在一切的设想之外。

看着我错愕的神色，李霞微微一笑，“两个月前就结了。我们根本就不打算办什么婚礼，那有多俗气呀！当然我们两年没见了，也就来不及通知你一声。不过，我现在不是来了么。你知道，这些天我一直想着你，怎么说我们也是中学时的姐妹们嘛！所以，后天的 * 你一定参加。我那位还想见见你呢，他老是听我念叨你，耳朵都起茧子了。

最令我惊讶的是，李霞的丈夫居然是中国作家协会的作家，一个在当时的北京让人刮目相看的职业。

两天后接到了李霞的电话：“今天你得来，无论如何！这两个月来来往往的都是他的同行和朋友，怎么说也得让我的朋友给他们露一面呀！哎，说不定你还会在这帮作家和诗人中找到一个合适的呢。”

我如约前往李霞的新居。倒不是想找一个合适的，而是好奇李霞那位令她一见钟情的作家丈夫到底是什么样的奇人！李霞和他从认识到各自甩了原有的男朋友和订婚对象，并闪电般的结婚，前后不到一年。其速度之快，自然让我充满好奇。我的初恋拖拖拉拉也前后一年时间，最终还是以分手作为痛苦的终结，而李霞的一年却收获甚丰。各人有各人的缘分，这句话就是我当时学会并彻底明白的。

欧阳予坐在狭小的客厅中间，让一大群喷云吐雾的抽着烟的人们包围着。他的整个面容在缭绕的烟雾之中产生了一种朦朦胧胧的效果。我拘谨地挤在门边，远远的望着他，像在庙堂中望着层层香火烟雾中的神像一般。

那一天胡里糊涂地过去了。我根本没有机会和欧阳予或是李霞说上一句话，他们一整天都让朋友包围着，很有一种高高在上的样子。

我傍晚要走的时候，李霞才拉着欧阳予匆匆走过来向我介绍。

欧阳予握着我的手时，我有些不敢看他的脸，因为他的一双目光如炬的眼睛出奇的亮，炯炯有神地近距离地看着我。我还从来没这么近距离地被一个陌生男人审视过，尤其这个男人有着那么一双明亮的不含任何杂质的眼睛。

那次聚会后有一天，我看到同班一个女同学上大课时在聚精会神的看一本书，不禁好奇地瞥了一眼。当我看到书背上赫然写着作者的名字欧阳予时，只觉得很耳熟。电光火石中突然想起来欧阳予是李霞的小说家丈夫时吓了我一跳。女同学见我好奇，便将书递给我，告诉我说此书写的怎样好又如何畅销，她又怎么崇拜作者，很想见他一面等等。

晚上，我将书带回宿舍，仔仔细细地读了一遍，也不由得对欧阳予肃然起敬。整个晚上不断的回味初见欧阳予的情景，又不断的将他和他小说中的主人公对号入座，竟然有了一种暗恋的感觉。

那是我二十年来第一次读到大胆描写男女情爱欲望的小说，不能不说很受启蒙。虽然我当时谈过一次失败的恋爱，但经历过的比起欧阳予书中所描写的男女之间近乎颓废的情爱，简直微不足道。从那个晚上读完那本书后，我已经完全将我的初恋情人忘得干干净净。

隔了大半年，我再次在一次偶然的场合中见到欧阳予夫妇时，我自觉已经脱胎换骨不少。已经是夏末了，我的头发长了不少，刚刚垂下肩膀在太阳下闪着栗子般的光泽。

那时候，我已经很受学校里男孩们的注意，但我似乎对谁都没有兴趣。半年之中，我读完了所有在市场上颇为流行的欧阳予的小说，自我感觉一下子成熟起来，第一次有了做女人是什么样的感觉。我已经学会从容不迫的和欧阳予握手，在他那双聪慧明亮的双眼的注视下不动声色地和李霞谈笑。从欧阳予的书中，我已经知道他喜欢什么样的女人，而一个他喜欢的女人又该是什么样子。我做的是那么恰倒好处，想必给欧阳予留下了深刻的印象。他时不时的专注地看着我，带着好像研究及欣赏一件艺术品的神态。

从那以后，我便常到欧阳予夫妇举办的各种朋友聚会上去，一边帮着李霞忙这忙那，一边留心观察欧阳予的举止言谈。这些聚会中的女孩子很少，而仅有的几个也都是像李霞那样的作家之妻或者女朋友之类的。她们的打扮穿着在当时的北京都很前卫，旁若无人地用某种优雅的姿式抽着香烟肆无忌惮地和男人们大声的谈笑。

我发现自己开始有些刻意的回避欧阳予，很少加入他和其他人的谈话，有时他会坐到我身边，想和我聊聊，我便会找借口走开。当我的眼神无意中和欧阳予的目光相碰时，我都会感到不自然。

初恋事件之后的第一次也是唯一的一次“艳遇”是和欧阳予的一位诗友老棋。老棋是北京有名的诗人，跟我暗恋欧阳予一样暗恋着李霞。我和老棋之间就因为彼此这一丝心照不宣的暗恋而产生了一种对对方的理解。

在一次延续到午夜的聚会后，欧阳予叫老棋送我回家。那天晚上我碰巧在欧阳予家喝了点酒，有些头晕脑胀，但精神却异常亢奋。余兴之下我和老棋回了他的住处。我跟本不明白自己在做什么。十分钟后，当老棋满足地从我身上颓然倒下的时候，我甚至都没有任何做过爱的感觉。

大半夜过去了，我依然沉醉在酒精带来的兴奋之中，神经质地渴望着跟人聊天。

于是我便和老棋在床上抽烟聊天。我从来不喜欢抽烟，但看惯了李霞那些女人烟不离手故作成熟的姿态之后，也多少对香烟产生了某种程度上的好奇和希望成为成 * 人的愿望。很多女人抽烟未必喜欢嘴里和鼻子里满含的烟味，但她们喜欢抽烟带给她们的那种成熟姿态，那种让她们感到吸引男人注意的那种性感和男人给她们点烟时的那种关注和艳羡。

我从老棋的烟盒里抽出一根香烟，故作姿态地让老棋点燃后抽了起来。

“你知道吗，欧阳予很喜欢你？！”老棋在微明的曙色中忽然这样对我说：“他很多次有意无意地提到你，说你很漂亮，我想如果不是你和李霞的关系，他一定会有所行动的。”老棋嘻嘻笑着。

我怔在那里好一会，忽然感到胃里一阵难过，便扔下烟跑到厕所吐了起来，那是我第一次醉酒。吐完之后，我洗了把脸重新躺下，但感觉已完全变了。

我终于不能再掩饰自己已无法自制地爱上欧阳予的这个事实，而这个发现令我初次尝到爱上一个不应该爱上的人的无助感及它所带来的心的疼痛。

人在心痛时往往是最绝望的。

像我这样骄傲的人在绝望时往往选择自暴自弃。

我睁着眼睛一直到天蒙蒙亮，便匆忙爬了起来。

老棋执意要送我回家，可我坚决拒绝了。在门口的时候他轻轻的拥抱了我一下，我就像不小心被什么撞了一下似的，眼睛就立刻湿润了起来。

迎着秋天早晨的凉风回学校的路上，眼泪不断的从眼眶中滴落。路上的各色人马都向我投来好奇的眼光，我什么感觉也没有，只是痛痛快快地流着泪水。

对于这件事我一直耿耿于怀，它成为了我青年时代的一个不可告人的阴影。

很久我没有再去欧阳予夫妇那里，李霞打电话来时，我从来也没有提起过这事。后来我毕了业，在一家翻译出版社工作之后才又开始去欧阳予家玩。见到了老棋假装什么也没有发生似的依旧客客气气。

1985 年前后，北京变了很多。似乎也是一夜之间发生的事，许多豪华宾馆酒店像雨后春笋似的到处林立，街上也开始出现了各种各样的进口小汽车，出租车的生意也慢慢红火起来。北京的交通开始有点紧张。于是修建环城公路的工程开始了，整个城市全天包围在施工的漫天尘埃和喧嚣的噪音之中。

有一天，欧阳予独自来找我的时候，我已经大学毕业在北京的一家外文出版社平平庸庸当了一年编辑，正忙着办理去美国留学的手续。看到欧阳予，我并不惊讶。我们一起去邻街上的一家顺风包子铺去吃了午饭。

“你的头发这么长了！”欧阳予摸了摸我几乎齐腰的一头直发。

他那天看上去有些沧桑的味道。胡子好几天没刮了，眼睛也失去了往日的神采。也许欧阳予处于这种状态已经有一阵子了，只是我一直忙着工作和办理出国，很少见欧阳予夫妇，所以没怎么特别注意 。

而那天中午在包子铺里，我忽然注意到他的疲态。又是夏天了，包子铺里坐满了附近建筑工地的民工，嘈杂至极。正午强烈的阳光照射进来，晃的人睁不开眼睛。我清楚的看到了欧阳予头上的几丝白发。

“我们认识已经有两三年了吧？”

欧阳予边喝小米粥边问我，好像在自言自语。

“那时你头发短得不及肩膀。记得第一次看见你时，你挤在人群后边像个羞涩的小女孩。后来一次次的见你，你也一次次的长大，就像你的头发似的。两年一晃而过，我觉得我开始老了，你却越来越成熟漂亮。”

“我不过与你相差四五岁，而你说起来像隔着多少辈分似的！”

“快三十的人了，当然和你这二十出头的女孩子感觉不一样了。况且我刚认识你的时候，你不过是个稚气未干的小丫头，现在居然也能和我平起平坐的讲话了。记得吗，当初见我时，你连头都不敢抬。”

“是吗？！我可没工夫和你开这种玩笑，我一会还要上班去。”我说的是实话，许久没见欧阳予，我已经有了一种恍然隔世的感觉。我看着坐在身边的欧阳予，感到生活的水不断向前流动着，过去的一切已经开始变得遥远，就像正在经历巨变的北京。也许，有一天我真的出国再回来，眼前的一切已经荡然无存了。这是一个新旧交错而过的时代，城市的建筑和风景每天在变，每一个人的外观和内心也在变。

欧阳予好像并没有感到我的变化，他依然沉浸在怀旧的情绪中。我们相对而坐，仿佛面对着两个不同的世界，他在追忆似水流年的同时我却向未来的美景展望着。

“再陪我坐会儿，我只觉得心烦，和你坐一会儿心里很舒服。”

这阵子，欧阳予的书已经不怎么流行了。市面上出现了更多更新的言情小说家，书写得一个比一个更大胆，甚至到了 庸俗的地步，却更受读者的欢迎。而作为言情小说的开拓者，欧阳予的书相比之下显得过于含蓄而遭到冷落。

“我和李霞准备分手了！”

走出包子铺后，欧阳予出其不意地讲了这么一句。显然，这就是他的情绪不好的症结所在。

我反而很冷静，作为旁观者，两年来我多多少少感觉得出欧阳予夫妇之间的微小变化。李霞也曾在话中透露过她和欧阳予之间发生的许多争执及多次争吵。其实，作为一个声誉渐隆的小说家的妻子，李霞的不安全感也与日增加。可惜的是，李霞和欧阳予都没有意识到这种不安全感对婚姻所带来的破坏性。

“也许，婚姻对你并不合适。你一向比较喜欢自由自在拥有众多亲朋好友的日子，而李霞需要的是一个平平常常的小家庭。你不觉得吗，她已经开始厌倦了你这种人来人往的热闹日子。”我说。

“也许，是我找的人不对，或许理想中的女孩真的不存在？”欧阳予投给我一个颇有意味的眼色。

如果是半年前，我都会因为欧阳予的暗示而欣喜若狂。但此时的我却平静如水。“不能说理想中的人并不存在，而是存在又怎样？你难道会塌塌实实的像大家一样过日子？你不是一个过普通日子的人。“

欧阳予看了看我没再说什么。

我们沿着狭窄的胡同在太阳下默默的绕了好一会。听着胡同旁老槐树繁茂的枝叶里传来的蝉声，我隐隐的感觉到的那种无忧无虑的 年轻的日子正从我们身边流水般的悄然而逝。这种感觉令我禁不住怅然若失。

欧阳予把我送回编辑部门口时，一位女同事看到便冒失的问：“依华，这是你男朋友吗？样子蛮不错的。”

我笑了笑，欧阳予也笑了笑，我们就这样在大门口分了手。那是我出国前最后一次看到欧阳予。

二

我在纽约一呆就是六年。

先是住在 BROOKLYN 区向中国人租的一间地下室，一边在曼哈顿西城的美国服装店打工，一边在中城的一间专门为移民开的语言学校上学，等待着移民局批下我的学生签证的延期申请。

我总是每天早晨坐地铁经 BROOKLYN 桥去曼哈顿上班上学，晚上九、十点钟后再坐地铁回家。

夜晚的地铁乘客清一色是亚洲移民，从车衣厂或餐馆下晚班回家的中国人。坐在这群面色疲惫神情茫然满身油烟味的同胞中间，望着 BROOKLYN 铁桥那边的灯火辉煌，美丽灿烂的曼哈顿夜景，我常常不知不觉的陷入幻境，仿佛置身于时光隧道里。生命中的一切宛如在夜幕的铁桥上蜿蜒而行的地铁火车，远远看去，一节节灯火通明的车厢像一幕幕电影镜头上演着各种各样的故事，每一幕都有着不同的内容和结局。这时候，我顿然领悟我来纽约的目的。

我知道如果我不做任何改变，我将日复一日永远的拥挤在这晚归的火车中穿梭于曼哈顿的豪华和 BROOKLYN 中国住宅区的杂乱之中。此时，北京的日子已经离我非常遥远，有关它的所有记忆也开始变的面目全非。

我拿到学生签证的那个下午，我搬离了 BROOKLYN 区的那间地下室。我记得那是个冬日，地上覆盖着薄薄的积雪，我充满了可以留下来的欣喜及对未来不可知的担忧，点点滴滴都是别有一番滋味在心头的感觉。

就在同一天的下午，我收到了欧阳予五年之中的唯一的一封信。信很短，却充满了 1987 年冬天他对生活的疲倦和失意。他在事业的低谷及和李霞已经破裂的婚姻中焦头烂额。

读着欧阳予的信，我的眼眶开始湿润。在对未来生活的迷惘和不安中，我隐隐有一种兔死狐悲的感觉。在学校附近的 MCDONALD 快餐厅，我边喝味道淡如清冷冬日的咖啡边给欧阳予回信。对我来讲，欧阳予似乎代表着我在北京的青春岁月，而随着那个下午的过去，我二十二年的年轻日子也都过去了。

欧阳予并没回信。

搬迁之后，我完全陷入了经济上的窘困。我打工挣来的钱除了付房租外全部付了学费。看着辛辛苦苦赚来的血汗钱流水般的消失，心中的滋味难以明状。但我咬牙坚持着，我发誓我永不要像其他的中国留学生那样去餐馆打工赚钱。我知道一旦踏上了这一条道路，就不会再轻易回到学校中去，来纽约全部的目的就是拿到我的硕士文凭，就是背水一战，也不放弃。

两年之后，当我终于拿到我的硕士文凭时，我已经完全处于疲惫的麻木不堪之中，除了一纸文凭，我什么都没有，没有钱，没有朋友，没有家。

但我终于拿到了纽约市立大学的商学士文凭。

以后的三年，日子开始潜移默化地发生变化。

我在曼哈顿中城的一家小型投资公司上班，专门做公司对亚洲的商业投资业务。开始的时候，薪水只有三万五，但随着公司对中国大陆投资项目的介入和增加，我的薪水也开始慢慢上涨。日子开始好起来的时候，我周围来往的已经都是美国男人。

纽约是一本丰富的生活教科书，在这本书里，我学会了一个单身女人应该学会的所有东西，从品位到男人。我在曼哈顿西上城和几个美国女孩合租了一套三房一厅的公寓，像住在曼哈顿里面成千上万的高级白领一样，为了保持体型而每天徒步走到位于中城的公司上班。

几年过去了，我已变的非常实际，没有钱再好的品位也白搭，开士米毛衣，意大利皮鞋都需要金钱来做品位的后盾。我一件纯棉体恤衫，一条粗布牛仔裤的日子已经被时髦文雅的西服裙装所替代。我学会了和不同身份的高薪男人交际，在城里最高级的法国餐厅不动声色的用法语点菜，在服装店里心安理得的看着打扮光鲜的年轻女店员为我忙前忙后。出租车已成为我生活中主要的交通工具，我不再会为了节省几十块钱去挤地铁。

我已经不再光顾 BROOKLYN 或 QUEENS 区拥挤喧嚣的环境，对我而言，纽约只有曼哈顿。

认识投资银行家杰斯的时候，我已经在曼哈顿中城的几个不同的投资公司中换了几个工作，而每一个工作的变换都使我的薪水升高一级。等到我在一家健身俱乐部健身的时候认识了同样年轻英俊的意大利籍的美国人杰斯的时候，我在曼哈顿中城的一家漂亮的玻璃大楼里面担任了一家上市公司的高级财政策划。

我已经蜕变成一个将光滑的头长发整整齐齐盘在脑后，脸上妆容精致得无可挑剔，夏季穿意大利丝绸套装冬天穿意大利毛料套装，而且永远都是流行的素色，住在最时髦的中央公园南区的二十八岁的大都会单身女郎。

有一种女人，男人看第一眼就知道她会成为自己生活的伴侣。杰斯看到我时，就是这种触目惊心的感觉。也许是我神色中遥远而略带隐秘的某种气息感染了他，抑或是我的微笑中不易察觉的沧桑感触动了他的内心的某些伤情，我们后来的结合也就合情合理成为了必然。

很多我曾经认识的中国人坚信,我是为了一纸绿卡嫁给杰斯的。对此，我只是一笑置之。中国留学生嫁给美国人大多数是为了居留权这一说法在纽约的中国人中非常流行，仿佛这是对条件优越的中国女人为何嫁给美国男人唯一的理解。

一年后，我与杰斯分居时，对这一说法津津乐道的人更加对他们的观点坚信不疑了。在纽约的生活已使我学会对别人的观点不屑一顾，我自得其乐的活在自己为自己制造的世界里，这也是我和杰斯分居的部分原因。

已是 1992 年冬天了，我忽然对遥远的故土产生了思念。我正处于对生活的某种倦意和消沉中，不禁觉得只有故乡我所熟悉的人和事才会抚平我这种焦躁不安的心理状态。

一个周末的下午，我开着我的红色黑顶的福特敞蓬跑车漫无目的向纽约城外的广乡村驶去。已经进入深冬了，车道两旁还堆积着前几天的残雪，树枝上也挂着串串积雪结成的雪片。时不时有微风刮过，雪片在枝头上颤动着，然后无声无息地坠落下来，落地时发出轻微的破碎声。

车窗外是冬日的空旷与寂寥，交织在白色羽毛般飘落的雪片中。汽车里温暖如春，我只穿着薄薄的浅紫色开士米毛衣，听着汽车收音机里播送的旧日热门歌曲。

正好是 CARPENTER 的一首 YESTERDAY ONCE MORE，《昨日再来》。我呆住了，这是我在大学时代颇为喜欢的一首歌。

那时我常常一个人夹着课本在冬天凛冽的北风中踏着雪从大教室走回宿舍。学校里廖无人迹，北风刮过干秃秃的树叶和教学楼群时发出尖利的回声。远处的大喇叭里传来不知是谁点播的《昨日再来》。忧郁感伤的旋律令我不禁会放慢脚步，不想赶回嘈杂拥挤的宿舍中去。

此时此刻，旧日的孤独和寂寥重新夹着歌声潮水似蜂拥而来，我无法阻挡地淹没在被层层尘封在时光底层的记忆中去，北京冬日混着淡淡煤烟味的空气开始熟悉的弥漫，我的眼眶不禁湿润起来。

就在那一刻，我知道生命之中有些东西是根本忘不了的。

三

我在长城饭店的咖啡厅等了好久，都没有看到欧阳予的身影，疑惑间，不禁怀疑自己是否在电话里听错了地点。

转眼，我和欧阳予已有六年没见了。

这次为公司回北京的项目进行洽谈前，我费了很大的劲儿才辗转和欧阳予电话联络上。

“我就等你回来叙旧了！“隔着万里，欧阳予的声音热情洋溢，同六年前依旧。

他的兴奋与热情顿时感染了我，沉寂已久的心不由自主地重新温热起来。

我不禁对再见欧阳予充满了期望。我有一种直觉，凭着我们之间多年的理解和默契，重新找回过去的感觉应该是容易的。

北京冬天天黑的早，六点钟窗外已经暮霭沉沉了。从酒店的高楼上俯瞰着暮色中都市的轮廓，隐隐约约感到这个自己从小生长的城市似乎已经变得面目全非，遥远陌生。

正准备叫服务小姐结帐，欧阳予夹着一股冷风从玻璃门外冲了进来。

“塞车！塞车！”他一路解释着北京交通已经变的如何拥挤。六年前我们分别的时候，欧阳予只是作协的一名作家，靠公车和面滴作为主要的交通工具。现在，他已经和朋友合伙开了一家影视文化制作公司，当了老板，还开着公司给他置备的一辆夏利。

欧阳予似乎变了很多。

记忆中的欧阳予依然停留在六年前我们分手时的那个夏天，那时，他总是一身白球衣白短裤，虽然有些疲惫却依然充满青春。现在他的头发长了，穿着黑色的皮夹克和黑色的牛仔裤，只有脚上一双 REEBOK 是白的。他比以前胖了一些，曾几何时独一无二的清俊的气质也已经渗进许多风霜。

“你好像没什么变化，只是更漂亮了。”欧阳予毫不掩饰地上下打量着我，眼光中充满欣赏。一瞬间，我感到又回到了多年前，我和欧阳予初见的时候，感到欧阳予目光炯炯中的逼人热力。

“不过是学会了化装打扮而已！”我顿时有些不好意思起来。

“依华，你还是像学生时代那么直率得可爱！”

简单的几句话，便把六年时间拉开的距离转瞬缩短。

欧阳予颇为感慨的讲述了了自我们分手后他的一切经历，包括他和李霞持续了两年的痛苦的离婚过程。再一次，我们感到了一种深切的同病相连。等到沉重的夜色完全将城市吞没的时候，四年的时间和距离在我们之间已完全地消失了。

欧阳予早就和一帮朋友约好了晚上在城里的一家四川馆子吃饭，他叫我也跟他过去。一想反正公司的业务洽谈会是明天开始，我便答应了。咖啡厅的会面已经在两人之间制造了一种难以言传的亲密气氛，仿佛旧日重回、旧梦重温的感觉。

我和欧阳予走进饭馆的时候，几乎在座的所有的人都可以感觉到我们之间的这种气氛。

“依华是我多年的朋友，我们已经有五年没有见过面了。”欧阳予向大家介绍着。欧阳予的朋友们已经换了许多，过去我见过的那些作家诗人几乎都不在座。

“那依华可算是你的初恋情人啦？”欧阳予的一位朋友意味深长地笑道。

我和欧阳予双目而视，但笑不语。

这个晚餐的过程中，温馨的感觉一直弥漫在我和欧阳予之间，仿佛我们已是多年的恋人。

晚饭后，我们到附近的一家室内花园式的夜总会唱卡拉 OK。

豪华的大厅，盛服的歌女，幽暗的灯光，玻璃桌上一盏盏烛光摇曳出诡秘的气氛。北京的变化带给我的震惊难以用语言形容。

欧阳予和他的朋友们似乎是座上常客，一坐下来就谈笑风生，对侍应生端上来的酒水的昂贵价格毫不动容。想起四年前欧阳予家只有米饭炒菜，甚至有时候只有炸酱面当饭的朋友聚会简陋却温馨，与眼前的奢侈仿佛隔了两个世纪。旧情旧景不再，我不禁有些惆怅。

“怎么样，和从前不一样了吧？”欧阳予悄悄地握住我的手。

望着他关切的目光，怀旧感冒懵然涌上我的心头。、

一位穿着粉色洋装的女歌手开始唱起“莫斯科郊外的晚上”。那还是我初中时代所熟悉的歌曲，顷刻间，我的眼眶开始湿润。纽约四年孤军奋战的生活已经几乎让我忘记了地球另一边的另一种

生活带给我的一切回忆，而在这个回忆中，一首旧歌，一个旧友都会令我感动。

我依偎在欧阳予的身边，忽然产生了一种孤独无助的依赖感和温馨感。

那个晚上，大家玩的很尽兴。

从俱乐部出来的时候，已经是凌晨时分了。冬夜的北京大街上空寂无人，只有寒风顺着街道呼啸而过，刮起我身上的皮大衣。偶尔几辆亮着无人灯的出租车疾驰而过，给这种空荡平添了几许孤寂。

我的时差还没有倒过来，脑子开始犯困，眼皮也开始上下打架，但精神上却是极度兴奋的。站在冷风中，我大口地呼吸着北京寒冬的空气，顿然有一种重归故里的感觉。

欧阳予的一位朋友陪着我们站在冬天的寒冷中，被冷风吹得不住地缩着肩膀。

“我送她回酒店。”欧阳予对他的朋友大声道。

那位朋友诡秘地望着我们，唇边带着一丝自以为洞察一切的笑意。“好啊，你们两个趁着良辰美景好好叙叙旧吧。”

“你那位朋友干什么鬼鬼祟祟的样子？“在酒店房间里，我半嗔地看着坐在我对面沙发上的欧阳予，心里有种异样感。

恍惚一瞬间，眼前的一切变的极为熟悉，我好像感到多少年前我们就是这样置身于一个同样的环境中，讲着同样的话，四年的时间一下子消失得无影无踪，仿佛我们从来就没有分开过似的。

欧阳予的声音瞬间也变的有些恍惚：“好像我们曾经也是这样无言相对……。对了，在顺风包子铺。”

“对，你来告诉我，你打算和李霞分手。”

“不，我记得我好像是去找你，问你想不想跟我好。真的，那天我像中了什么魔法似的，和李霞大吵了一架之后，忽然累急了，真他妈想哭一场。第一个想的就是你，我不顾一切地想去看你，只要看到你就好。”

“我其实隐隐约约地感觉到了什么。不过，那时候我很虚伪，一门心思想出国，满脑子都被到美国去的想法盘踞，根本不想牵扯到个人感情方面去。”

“那天，我离开你后，心里有一种强烈的失落感，当然了，也很失望。被你拒绝是我生平第一次遇到的事情，以后也从来没有过！”

我笑笑：“幸好我没有和你好，否则下场也许和李霞一样。我在纽约就听说你的‘情况’不少。”

“你不是也一样，结了婚又离。”欧阳予顿了顿，关切地注视着我:“你这几年一定吃了不少苦吧。我很想知道你是怎么过来的。”

我忽然泪盈于睫，几年来，这是我听到的最温暖的话。

四年在纽约孤身奋斗的苦与痛，四年的寂寞与孤独顷刻间从心底一层层地水漫上来。迄今为止，还没有人如此在意过我的内心感觉，没有人能令我如此感动。

台灯的柔和光晕下，欧阳予望着我脸上纵横的泪水，眼睛里面没有一丝惊讶，我知道他懂，不是很过人能够懂也愿意懂的。

我忽然有一种渴望宣泄，大放悲声的感觉。于是，我赶紧低下头，再也无法忍住眼眶里蓄谋已久的泪水。当泪水如雨而下的时候，我自己都吓了一跳。纽约五年偷偷哭过多少次，但还从来不曾在人面前这样轻易的暴露自己的感情，更不要说在一个五年没见过的朋友面前。奇怪的是我却没有一点失态的羞耻感。

等我终于抑制住自己泛滥的感情，再抬起眼望向欧阳予时，反而怔住了。欧阳予的眼眶全红了，看得到闪烁的泪光。只有感受过生命的痛楚的人才会又如此强烈的同感，而只有真正关心你的人才会因相同的感受而泪盈于睫。在那一瞬间，我知道欧阳予和我情脉相连。

空气顷刻间完全凝固住了，像火药等待引爆前的那种寂静。我和欧阳予相对望着彼此，谁也没敢动一动，生怕会触动到空气中凝固的寂静而引起一发不可收拾的感情爆炸。

清晨在我们突如其来的沉默中悄悄来临，透过酒店房间沉重的落地窗帘儿的缝隙，晨曦已无可阻挡地钻射进来，隐约地可听到街上传来的城市交通开始运转的喧嚣。

我们居然聊了整整一个晚上。

“我们俩以后该怎么办？这是我们现在该考虑的问题了。”欧阳予的声音像雷一样炸响在我的耳边。我措手不及地望着他。

“我先回去了。”他站起身来走到房间门边，我也呆呆的跟了过去，像喝醉了的感觉。

“你回去睡觉吧，谈了一夜，也该累坏了。”他的声音史无前例的温柔，一反他平常的粗音阔调。

“那我明天给你打电话。”我说。

此刻，站在欧阳予的身边，嗅着他周身散发出混杂着烟草味的男性气息，时差加上疲倦让我沉沉欲醉，只想依在他身边睡去。

欧阳予打开房门前转过身来:“让我抱抱你。”他忽然温柔地说。

我呆呆地望着他，好像一只经过长途跋涉找回家门而疲惫不堪的猫。我觉得只要我一闭上眼睛，就马上可以昏睡而去。我摇摇欲坠般地倒向欧阳予，他轻而紧的将我抱住，很友好很父亲般的那种拥抱。将头附在他的肩上，我觉得好累好累，只要一闭上眼就可以马上入睡。我心里暗暗希望他会留下来，陪我进入梦乡。

“我走了。”

欧阳予走了。

我一头栽到在舒适的双人床上,头轰鸣一下就什么都不知道了。

床头柜上的电子钟指示出已是早晨七点。

我已经完全梳洗打扮好,站在落地窗前眺望着晨光中的北京城,等公司的车来接我。根据当天的议程，我要花几天的时间到和我们洽谈中的几家潜在的合作公司开会参观。

屋子里弥漫着我在身上和衣服上喷洒的香氛，混在前天欧阳予留下的烟草味中有着一股特别的味道。

视野里都市充满污染的灰色天空，大街上是蚂蚁般赶着去上班的人流及自行车的车潮。满身灰尘的公共汽车带着车身上油漆剥落的颜色在人流车海中笨拙的穿梭着。北京的早晨似乎和我四年前离开时的情景完全相同。

蓦然间那种恍然如昔的感觉又开始包围住我，我所感到的只是倒流的时光。

拿起桌子上的电话开始拨欧阳予的号码，说话时我明显的听出声音的颤抖。

“是你吗？我是依华。”

欧阳予显然还在睡梦中，声音带着浓重的睡意。

“你好，什么事？”

“我只想告诉你……”我顿了一下，拼命压抑住心跳，在喘息的空挡中费劲的说：“我现在非常非常地想你。”

听筒那边是一片黑压压的沉默，仿佛有很长时间。

“我等会儿再给你打电话。”欧阳予只是平淡的说了怎么一句，声音不带任何感 * 彩。我忽然意识到自己的鲁莽，已经单身而且不断换女朋友的他未必是一个人过夜。

我仍下电话听筒，泪水无法竭止的奔涌出来。自尊心所带来的委屈感，完全控制住我，我只想立即飞回纽约去，逃开这里的一切。

如果我仍是十八岁，我会为我找到所爱陷入情网而欣喜若狂，但二十八岁的我重温十八岁的初恋感觉时，内心完全让震惊及恐惧击垮了。

整整一天的会议，我像梦游一般，好像听不到自己在说些什么也听不到对方公司的人在介绍什么，似乎全身心都让欧阳予占据住了。我已陷在热恋的激情所带来的感伤和疑惑之中，而这种感觉是我多少年都未领略过的。 一旦心动，令我震惊的是二十八岁的自己依然怀有十八岁时的激情和彷徨。

早晨再度来临时，我已完全清醒。

像醉酒后清醒过来的人一样，虽然头仍在隐隐作痛，但大脑已经可以正常运转。我飞快的整理着思绪，盘算着和对方公司下一步的周旋交流计划，调整着我在北京下一个星期的日程。

如果没有工作，我会立刻奔向机场，乘上飞往纽约的班机一去不回头。但在纽约六年的自我心里平衡训练，我已比二十岁时冷静的多。

夜里两点多，电话铃声惊醒我。

看看表，我本能的以为是纽约方面的长途。

“HELLO！”我迅速地清醒自己，用公事公办的声调发问。

“是我，欧阳予。”

我忽然有落泪的感觉，然而我很快抑制住了心中的哽咽。

“你好，什么事？”我甚至都为自己冷静至极的声音吓了一跳。

“我给你打了好几次电话，都找不到你，我以为你已经走了。”

“为什么不留话？”我的声音已近乎严厉：“有什么事快说，我明天还有会要开。”

欧阳予似乎并不在意我声调的冰冷，他的声音依然如同两天前离开我旧点房间时间一样。“我想见你，现在！”

我沉默了一会儿听见自己仿佛身不由己地说：“好吧！”便挂了电话。

欧阳予大踏步的走进我完全没有开灯的房间，周身裹着一股冬夜的寒气，眼睛像猫一样在幽暗中闪闪发光。

坐在以前和他谈话的沙发上，我一脸平静的望着他。然而，我心里已完全颠三倒四没了分寸。

“依华”他一把将我从沙发上拉起来：“我想你”

一切仿佛在几秒中内发生的，我听见他沉重的呼吸声，感到他几乎令我窒息的双唇及身体离开地面时的瞬间飘忽感。

我从来没有领略过如此亢奋如此激情的瞬间。一切好像发生在深昏迷中，听得见医生及家人时远时近的呼唤声，大脑似乎是清醒的而身体却不听使唤地根本不能动弹。

我感到自己的一头长发冰凉柔顺地时而覆盖在我的肌肤上，时而瀑布般的从床边垂落地板汇成一道黑色的河流。手指下触及的是欧阳予发烫的肌肤，我听得到两人合在一起声响如雷的心跳。

多少年来，我跟欧阳予都徘徊在相互迷恋的友情和爱情的边缘，对彼此的肉体渴望一旦真的实现的时候，那种激动人心的感觉完全覆盖了 * 带给彼此的 *。我们在往昔的彼此可望而又不可及的那种遥远的情欲中沉浸，并在这种情欲的得到中感到解放。

我有一种难以置信的感觉。从二十岁开始，我第一个在精神和肉体上渴望过的男人就是欧阳予，而今当这个梦中情人真的 * 相见的时候，我不敢相信自己的眼睛。多少年来，来来往往的男人中有的人上过床，有的人没有，但每一次的 * 比得上此刻心理的满足。假如高潮就是肉体在 * 时得到的生理上的满足，那么精神上的高潮就是在肉体的 * 中因着对 * 对象的爱而得到精神上的昂奋和满足，这远远比肉体上的高潮要难以忘怀。

精神上的高潮让我颤栗不止，就像有人在头上击了一拳，我在几近昏迷的边缘上挣扎，生怕生命离我而去，陷入完全黑暗的寂静中去。

我知道我已完完全全失去了自我。

一星期的会议完全结束了，谈判成功，北京合作公司终于和我们签下了项目的合作意向。纽约公司方面对此很满意，准了我忽然提出的休假计划，我可以轻轻松松地在北京再呆两个星期。

我给纽约的有关人员去了电话，告知行程有变。

我纽约的律师在长途电话上问："你的离婚手续要不要办？你先生三天两头打电话给我们找麻烦！"

"办吧。"我沉静之极："然后正式通知他。"

“他很可能拒绝签字。”

“我现在不想去考虑这件事，你看情况处理吧。等我再回纽约时，希望一切手续已办好了。”我简短地说。

接下来的全部时间，我都和欧阳予一起度过。

就像任何一对相亲相爱的夫妻那样，白天他去公司上班，我在家煮饭等他回来。办公完毕，他便会匆忙赶回家来，和我一起高高兴兴的吃晚饭看电视新闻。

我对他居所的简陋条件根本不放在心上。我惊讶的发现自己完全不在乎粗糙裸露的水泥地和充满霉味，没有热水系统的厨房及厕所。我又回到了六年前我过惯的日常生活中去，纽约的舒适生活开始离的有些遥远。

晚上大部分时间，我们除了做爱之外都用来畅谈，谈六年来彼此的变化，谈记忆中的北京，朋友们和我们，为每一个细节争执不休。有时候我们会聊至天明，夜不成眠地反反复复将我们的过去和现在拿来探讨。

欧阳予几乎推掉了所有在晚上的工作和约会来陪我。有时候晚上的工作约会实在无法退掉，他必须在某个酒店的咖啡厅约见他生意上的朋友谈事，欧阳予便会带我一起去。只要我和他在一起，他就很开心，根本不在乎别人对我们两个人同时出现的看法。

“依华是我的女朋友，刚刚从美国回来。”欧阳予会不厌其烦的一次次对每一个批有及生意伙伴介绍我，满脸的兴奋感。

我会脸上带着永远恰到好处的温和微笑陪坐，听着我完全不了解的谈话主题，一晚又一晚地坐着冷板凳，却毫无怨言。我默默地望着身边谈锋甚健的欧阳予，心里充满温暖。想到多年前初识欧阳予坐在他和李霞的家中充满敬意的听他高谈阔论的情景，我不禁无言的笑了出来。

能坐在所爱的人身边共渡时光是我曾梦寐以求的事情，这份温馨感是我从来不曾领略过的。谈话中，欧阳予会时不时的讲目光扫向我，四目相投，我们便会意的传递着内心的感觉，在座的人都可以感到我们彼此之间电流相交时的震颤。

“我们是彼此的归宿。”欧阳予跟我说。

偶尔，我们会到京城各地方走，像对游客一样留连忘返在我们出生长大的城市中，从颐和园的长廊和北海的白塔，一直玩到天坛的回音壁。

“依华，依华，你听得见我吗？欧阳予在回音壁前冲着不远处的我大叫着，我们什么时候结婚？我可以想象出我们的婚礼，我们未来的儿子！”

回音壁前的游客们禁不住哄然大笑，掉头向我们张望，在众人的目光和笑声中，我们俩毫不脸红地手挽着手离开。爱仿佛有一种神奇的力量，像一股迷惑人的香气在空中飞扬，令人迷醉沉溺其中，难以驾驭自己。我和欧阳予好像出轨的列车凭着惯性往前跑，完全迷失了自己，根本没有想过终点站和到达终点站的可能方式。八年的相识和暗恋结合在一起的那种难以言述的痴迷一旦浮出水面的时候变得如此缠绵和脆弱，让我们彼此喘不过气来的激动使得我们忘乎所以。

我简直不敢想象这是真的，欧阳予对我说，三十二岁了居然还可以再次经历初恋的感觉。他深情脉脉地看着我说，你带给我的感觉让我惊讶，我从来没有想到我会这样放肆地爱一个人。

我们说这些话的时候正在北京冬夜空寂无人的长安街上漫步，听着电报大楼传来的悠扬的钟声，陷入孩提往事的回忆中去。北京的夜晚以及是记忆中的寂寞悠长，带着烟尘的味道带着清冷的感觉，然而我的内心不再孤独。依偎在欧阳予的身边，我感到被疼爱被爱抚的的感觉，那种在寂寞的旅途上终于有伴同行的欣喜。

我和欧阳予在北京城到处游荡，寻找着往昔的影子的同时补充着我们彼此的回忆。我们曾经有的过去是我们最好的朋友，让我们有说不尽的话题。有时我们会在路边生着炉火的食品摊上买上一碗馄饨几个烧饼大快朵颐，有时也会到王府饭店吃最贵的西式自助餐。我们完全不在乎时间也不在乎金钱，只要是能让我们开心的，我们都会去做。

虽然我们很久以前就相识，一直在北京长大，但我们再次携手同游时才真正的明白这个城市每个角落带给我们的感觉与少年是完全不同。北京的变化真可谓是日新月异，很多地方我门已经不再认得。

我们会站在摩登的建筑物前拼命回想以前这个地方的样子。凡是我们儿时去过的地方我们都重新去过，为记忆中已不复存在的一切而叹息也为新兴的改变而惊奇。

我们又去了顺风包子铺，它早已被一个巨大宏伟的五层楼的购货商场所替代。整条小街已经不见了，商场边上是通向飞机场高速公路的康庄大道。

北京的变化之大，令我和欧阳予震惊。每一天我们都有新发现新收获。但更令我震惊的是我们眼光的改变和处世态度的不同。

欧阳予的公司业务繁忙，他根本没有时间继续他的作家生涯，进行艺术创作。成为了生意人后，欧阳予置办了了汽车和手提电话，俨然进入了资产阶层。随着日子变得令许多人羡慕起来，他的生活态度和做人方针也自然变的与以前不同。从前，他常常会为朋友机会时没钱准备一顿象样儿的晚饭而发愁，更会为到月底就花完的工资和稿费在各个方面精打细算。而现在他毫不在乎钱，花起来大手大脚，完全是有了今天不想明天的劲头。大概，这是对过去的贫穷作一下心理补偿吧。他周围的朋友也几乎全换了，大家感兴趣的主题也不再是文学而是经济。

生活已经完全改变，岁月也就不再显得重要

如果不是我的归来引起的怀旧感，欧阳予是不会再对过去的一切津津乐道的。

在谈起过去共同认识的每个人时，我们自然会谈到欧阳予的前妻李霞。

“算起来，我们离婚已有三年了。”欧阳予这样说：“虽然我们现在仍然客客气气地作朋友，但曾有一度彼此恨过对方。毕竟，离婚不是件容易的事。李霞曾经打算生个孩子来保住这段婚姻，侥幸的是，我们彼此都没有足够的勇气和安全感做到这点。分手的时候，李霞说她最后悔的就是她没能和我有个孩子。大概，命中注定如此吧。”

提到李霞，我颇为感慨，如果说我和欧阳予的认识是缘分的话，李霞无意中起了穿针引线的作用。没有李霞，我和欧阳予根本不会有机会走到一起。世上，命运就是如此残酷，有的人注定只是作抛砖来引别人的玉。

“人生有时候真会开玩笑。我还清楚的记得八年前李霞来找我的那个阴雨天。没想到八年后物是人非，你我居然走到一起了。”

“也许，如果我们没有以前共同的经历和感觉，现在就是走到一起，也不过是旧梦重温的玩一下罢了，之后仍旧是陌生人。就像所谓的一夜 *。”欧阳予无意地说。

“你这是什么意思？难道我们的一切只是旧梦重温？你是说我们就是刚刚认识的话，就是彼此吸引也不会动真感情吗？你大概是一夜 * 惯了吧！”我开始不高兴，声音变得异常尖刻，连我自己都始料不及。

“你急什么？我有多少一夜 * 都告诉了你，只怕你自己没敢告诉我吧！我又凭什么信任你。大家都说美国回来的人完全靠不住，只是逢场作戏罢了，除了朋友外，连李霞都说我傻，相信你会真的跟我好。”欧阳予似乎也动了气

一瞬间，我的脸全白了，手脚也一下子冰凉。“你怎么这样讲！告诉你，我韩依华想玩一玩的话，在纽约早玩够了。那里那么多英俊的男人，还用跨过千山万水来北京玩一个连国门都没出过的土包子。”

欧阳予的眼睛红了，愣在那儿，像是喘不过气来的样子。

“你他妈有什么了不起！不过就是在洋人堆里混了几年会讲几句英文而已。北京多的是好姑娘，我不见得会娶一个和洋人好过的女人吧。

话音未落，欧阳予的脸上已狠狠的被我甩了一记耳光。我全身像发高烧一样打着颤，脑子里轰轰的像跑着几辆火车。

“你耍什么文化流氓！你以为你自己是什么！不过是出了几本书就以为天下都是你的了。别以为文学时髦的时候当过作家；现在从商时髦了又下海开公司就有什么了不起，别以为玩过几个女人都很顺手，就觉得天下女人就通通倒向你呢！在北京作公司老板有什么了不起，有本事你也给我去纽约混两年，只怕连自己的骨头都捡不回来呢！你冲女人耍惯了威风是不是？你以为我也会像你其他女人那样对你低三下四求着你要你娶我吗？睁开眼睛看一看，我能在纽约混出来就根本不吃你这一套！你今天来求我，我都未必要嫁给你呢！”

欧阳予紫涨着脸一句话也说不出来，完全被我的有一 番急风暴雨的怒斥震住了，而所有的恶毒话一旦出口，我也完全清醒过来。

欧阳予呆坐在墙脚的椅子上，眼睛红红的，似乎还没有回过神来。

“你怎么能这么说，我到底有哪儿对不起你了？”他像自言自语似的反复着这两句话，像一个做了错事挨了骂却完全不知道自己错在哪里的孩子。

我不禁心如刀割。我冲过去抱住他的腰，泪水夺眶而出。

欧阳予也流泪了，泪水滴滴掉在我头发和脖子上。他把我抱的紧紧得生怕我一下子就会不见了似的。

我伸手抚摸着他的脸，心中一遍遍地骂着自己情绪的冲动。

“我们结婚吧，你嫁给我，我就放心了。要不然我总有做梦的感觉，怕一醒来就失去了你。”欧阳予突然说。

这是一生中最令我感动的求婚。

这次的大吵是我们在北京短短几个星期中唯一的一次。这次的吵架使我们顿然明白了彼此在心中的地位，也更懂得了双方因此而产生的生怕失去彼此的恐惧。

我们认认真真地计划了我们以后的生活和分居了两地长途恋爱可能产生的问题。想到将要嫁给自己所爱的人，我禁不住心花怒放。回想到和杰斯结婚时的迷茫和彷徨心理，我更坚定了嫁给欧阳予的决定。

尽管欧阳予的朋友都不看好我们的关系，但欧阳予却毫无任何犹豫。

“我要是在李霞前认识你就好了。其实，从我第二次看见你，我就心动了。记得那天你穿了件鲜黄的上衣，齐肩的长发非常青春勃发的样子。我当时就想，这才是我一直想要的女孩。李霞也看出来我喜欢你，为此，和我很不开心。”

听到欧阳予如此讲，我不禁又回想起初见欧阳予的情景和多少年前我对他的暗恋，一切如同发生在昨天。

我对欧阳予谈到这些往事时，尤其和老棋的那次宿酒经历，不禁泣不成声。

“老棋那个混蛋！”欧阳予的声音充满痛心:“你怎么这么傻？以后不许你喝酒更不能喝醉，如果不开心可以骂我。”

“有了你，我就不再会不开心，我现在完全有了一种归宿感，怎么多年来的漂泊终于有了结果，我开始有真正归家的感觉。能够知道世界上茫茫人海中有一个等待你的爱人和家，那种满足感是非常特别的。从此，我不再会有孤独感。”我笑。

“知道吗，依华，我有一种感觉，我们多少年后也会像一对恩爱的老夫妇手挽手去逛公园，看着我们的孩子长大。”

三个星期闪电般过去了。首都机场上，我和欧阳予难分难舍的告别。

离开的头天晚上，我和欧阳予根本没怎么睡觉，心里都非常难过，大有相见时难别亦难的感觉。北京和纽约相隔如此遥远，一旦离开就像风筝断了线，没有人知道什么时候我们能再次见面。

欧阳予一直把我送到海关的出检口，默默的看着我将各种证件递给海关检查员。

“到了就给我来电话。”他一遍有一遍的叮咛：“一切办好了就回来和我结婚，我会到这儿来接你。”

在海关大厅里，我们最后一次紧紧拥抱。

我无言的看着欧阳予，努力平衡着复杂的心绪。

几个海关职员瞪着我和欧阳予，一脸不耐烦的表情。

那是我在以后历年的旅行中对北京国际机场印象最深的一次。灰暗简陋的机场大厅中和暗淡的灯光下，只有欧阳予站的那一点好像舞台上的追光闪烁着明艳的光彩。他穿着黑色的皮外套，戴着我送给他的那条鲜红欲滴的围巾，站在混着尘土和人体味的空气中，像一座纪念碑似的矗立在一片灰蒙蒙的背景之中。

飞机起飞后的几分钟，乘务小姐送来了橘子水。我接过橘子水，关了头上的顶灯，在疲惫的侵袭下昏昏沉沉睡去。

再次醒来时，飞机已经飞在茫茫的太平洋上空。望着周围陌生的乘客和洁净鲜亮的环境，我突然感到从未有过的茫然。我和欧阳予在北京过去的这三个星期好像从来没有在世界上存在一般流水无痕，我依然孤身一人面对着瞬间袭来的寂寞和孤独感。对欧阳予的思念和这段美好时光的和缅怀突如其来地震慑住我，让我感到从未有过的软弱。我再也无法忍受内心的感伤，禁不住双手掩面而泣，仍凭泪水倾泻而下。

下篇

四

离婚手续办得很艰难而漫长。完全没有料到杰斯会不依不饶地，以一副不是鱼死就是网破的架势与我斗争。虽然我们分居都有两年了，但彼此间因为寂寞还存在着偶尔发生的性关系。因此，杰斯一直以为时间会冲淡我们之间的各种不快，我会和他重修旧好搬回一起住。而我从北京回来后不仅拒绝跟他上床，还真的跟他提出离婚的要求来时，他的震惊和愤怒难以言述。

每一次见面我们都会以激烈的争吵来结束，杰斯在不解和怒火种不止一次地威胁说如果我坚持离婚，他就会到移民局告发说我骗婚来取消我在美国的居留权。

我不知道杰斯是否真的会这么做，心里充满了焦虑。我不得不压抑内心的不快和杰斯反复周旋，希望能说服他协议离婚。我当初来美国是为了给自己多一个人生的选择，现在我不能过因为杰斯而轻易放弃这种选择。这关系到我和欧阳予的未来，我们孩子的未来。

在公司业务的繁忙和离婚战争中，我已经筋疲力尽。

唯一的安慰便是来自欧阳予的音讯。

欧阳予几乎每星期都有信来，电话也每隔几天打来一个。

我最大的乐趣就是读信和写信。每隔几天，我就会到邮局给欧阳予发一堆厚厚的信。每一次出门前收到我的信，欧阳予都会把它放在外套里面，顶着风雪出门时，心里就感到热呼呼的。你的来信是我这个冬天抵御寒冷和寂寞的最佳武器，欧阳予在电话里跟我开着玩笑。

我们分手的第一个月，长途电话帐单已经高得可以买一张美国到欧洲的双程旅行机票。我和欧阳予完全靠电话和信来支持彼此的信心。

双方的家人和朋友知道我和欧阳予的事后，都对我们期待的理想结局表示怀疑。

“你真的打算放弃在美国的一切，为欧阳予回去？”我在纽约认识的北京女友玲玲也这样问。对于像我和玲玲这样不远千里来到异国它乡求生存，并在此成家立业有了自己新天地的女人来说，放弃已经有的一切不是件容易的事情。

我不是没有想过这个问题，而是没有勇气去面对。我爱纽约的一切，也更爱欧阳予。我知道在这两者之间，必须做一个明确的选择，而这个选择不管是什么，我都要有足够的勇气去面对一生。

这些我只能在玲玲那里寻求安慰，而不可能在信中和电话上和欧阳予探讨。恋爱本身处处充满了敏感的陷阱，不小心就会掉进痛苦的深渊而粉身碎骨，更不要说相隔两地的感情维护了。LONG DISTANCE RELATIONSHIP 是一项艰巨的工作，需要彼此间对相互之间的感情充满了绝对的信任，任何一点细微敏感和猜测都会导致误解，导致双方信心的瓦解。

半年的时光就在这种焦虑的期待中飞逝而过，我完全像一个机器人一样生活，在公司和杰斯的谈判之间奔波着，几乎不知道时间是怎么过去的。

在孤独和寂寞的漫长而晦暗的时光隧道中，欧阳予就像隧道尽头的一个闪亮的光点照耀着我未来的生活。我把对未来的所有期望和希翼都寄托在欧阳予和我的关系上，北京三个星期的共同生活像一个温暖的火盆在纽约感情的冬天里面温暖着我的内心。我想都没有想，当一个女人把生活的期望寄托在一个男人的身上时，她等于把未来架在一个不可知的虚空上，一旦这个男人发生任何变化，她的世界就完全坍塌了。

终于在一个星期都没有收到欧阳予的任何消息后，我病到了。

原以为一般性的感冒发烧两天就好，没想到却拖了整整一个星期。

躺在床上的几天中，我虚弱的只想着欧阳予，惦念着他的行踪。

我试着给欧阳予家里去电话，总是没人接。而电话打到公司去，对方也只是说他不在。我心理嘀咕着，很不是滋味。回想着最后一次和他通话时，他声调的冷淡，我禁不住担心起来。

“我不懂你这离婚的事怎么这么拖拉。如果你不想离婚的话，也就别回来了。”在最后一次的通话中，欧阳予曾经非常不开心地说。

我不想在电话中过多的解释其中的原委，只想抽空回一次北京，当面和欧阳予说清，而他去斩钉截铁的告诉我在我最终没有离婚前，最好不要回去。

玲玲在和她的美国先生回北京探亲前来看我，见到我时，她颇为吃惊。

“你怎么瘦这么多？为了哪个欧阳予，值得吗？你也是，纽约这么多有条件的男人，却偏偏倒贴一个你已经六年都没有来往的人。你了解他六年来的感情经历吗？”

“我相信欧阳予，他说过我们是彼此的归宿。”

“我问你，如果你和他的事成不了，你有什么打算？”

“还能有什么打算，自然是活下去的。其实日子怎么都是过，只是开心不开心而已。”

玲玲叹了口气，我完全明白她的意思，她是怕我为了感情而放弃了一切后，万一有什么闪失，我将失去在纽约的根据地，后悔也来不及了。

“好吧，我回去后帮你和欧阳予联系一下，看看他到底怎么打算。你们已经几个月不见了，他也许有了新的计划呢。”

一个月后，玲玲从北京回来，她见了欧阳予后，对整个事情的看法有了改变，对我和欧阳予的事开始持乐观态度。“真正的感情还是在相同语言的对象之间产生的，玲玲感叹地说，和美国关系再好，彼此之间的沟通也搁着文化的代沟而没有那种同种文化和背景造成的那种精神上的触动感。”言外之意，玲玲和她先生之间的关系好像也出现了冰层带。

我想到和杰斯一年的短暂婚姻，毕竟，条件和金钱不能代表人们感情上一直在寻找和期意的归宿感。但凡他能过理解我一些，恐怕我们都不会走到现在的分离道路上。

“他说他之所以不给你写信，只是给你施加一些压力而已。他还是希望能和你有个结果的。”玲玲向我转述欧阳予的意思。

我没有说什么。

上次在病中，我曾反反复复的想过我和欧阳予在北京的每一天，每一个情景，每一句对话。

说实在的，如果我和欧阳予都只有二十多岁，我会把北京的三个星期当作一场美丽的梦只要曾经拥有过就不再乎是否可以得到。但过了二十八岁的我们已经不再是变换多端的青春年少，见过风雨和世面，一旦以为自己真的找到人生的归宿，就不会轻易放弃。我对欧阳予有信心，毕竟，我认识他已近十年。

每当我的信念动摇时，我都会重读欧阳予的来信，从他给成千上万的读者书写过浪漫故事如今专门写给我的情书中，从他文字优美感情充沛的字里行间里，我会再次感动，重新找到回到北京、回到他身边拥有未来一切的坚实感觉。我觉得自己就像远行的航船，等待着有一天从颠簸艰辛的历程中重新回到他温暖的港湾。

杰斯在一个秋雨绵绵的日子来公司找我时，神情沮丧。

他依旧是穿戴整齐，西装革履，白色的衬衫深色的领带。无独有偶，几年前，我们去市政厅 CITY HALL 结婚登记的那天，他穿的正是这套西服。

“依华”他声音哽咽：“我们就这样完了？可不可以给我一个真正的原因？”

我看着杰斯，不无感慨。

决定和杰斯结婚，是因为他在当时众多的追求者中外形最站得出来、最有吸引力、最能满足女人面子上虚荣心的一个男人。我在二十五岁那年的理论是一个男人英俊的外形和活力可以弥补他在头脑方面的缺陷，毕竟像我这么一个随着生活的经历越多，对男人的条件要求越加苛刻的女人，嫁给一个实在没有吸引力的男人还不如自己生活。杰斯的年轻，他的乐趣对当时个人生活过于严肃孤独的我来说，起了一种调剂的作用。婚姻在那时对于我更多的是需要，而不是感情的寄托。

我对杰斯，只有感激他在我心里需要的时候曾给我一个家，而没有爱。

可杰斯并不懂这些。

"对不起"我在公司外面的一家法国咖啡店内试着对杰斯解释"我并不爱你，而婚姻没有爱是生存不下去的。曾经一度，我以为我可以把婚姻和爱当作两种不同的事来看，真的，我试过的。"

"依华"杰斯把手覆在我的手上面："原来我同意分开一段时间，是以为你会给我一个机会。现在，我正式要求你给我一个机会让我们重新开始。我们年轻，有经济基础，一切还可以重新开始。"

我把手抽了回来："对不起，我要回去上班了。"我无法跟他解释我和欧阳予之间的一切，他没有这个能力懂得我和欧阳予之间的故事。

杰斯欲罢不能喋喋不休地讲着，试图说服我改变想法。

我望着窗外三大道上细如棉丝的冷雨飘洒过街上行人撑起的各色伞顶和路边停留的辆辆如同玩具般的小汽车，心思又飘回欧阳予那里，北京此时也是深秋了，是不是也和纽约一样秋雨绵绵呢，街上大概早已是满地落叶秋意阑珊了吧。

"你是不是已经爱上别人而要和我离婚。"杰斯最终问了他一直想问的话。

我笑了笑，话说到此已没了任何意义，何必解释呢。

“杰斯，再见了。如果你愿意，我们以后还是朋友。”

走出咖啡馆，雨开始停了，我已经没心思去上班，只想回家坐在温暖的公寓中在玻璃窗里看着灰蒙蒙的天空想欧阳予。

身边有个女孩走过，撑着把桃红色的雨伞，在阴雨天的灰暗中显得异常耀眼。

我突然想到多年前李霞的那把红伞和以后发生的所有故事。我和欧阳予的故事又会有怎么的结局呢？

杰斯走了，带着满心的失望。“希望你有一天不会后悔你今天的决定。”他临走前如是说。

后悔？会吗？我暗自思忖：以后不管发生了什么事，我都不应该后悔，就像我不会后悔和杰斯结婚，不会后悔和欧阳予的承诺。无论如何，在任何关系中，我得到我所需要的东西，安全感也好快乐也好，而这些只有自己才明白。这样，就是有一天，你什么都失去了，内心也会是平衡的。更何况，如果一个人凡事都担心是否以后会否后悔当初的决定，那么开始就不应该做。

雨早停了，在凝满秋意的潮雾中，曼哈顿的黄昏像一朵寂寞开放的璀璨夜花在城市的各个角落里悄然开放。

离婚最后办好的时候，一年已经快过去。九三年的冬天开始降临了。

好不容易在电话上找到欧阳予，告诉他我打算回去看他时，他似乎并没什么兴奋的感觉。我直觉的感到事情似乎有变。

“如果你不方便的话，我可以先不回去。”我试探着问欧阳予沉吟了一会儿说：“要么你还是先回来吧。”

我的心开始沉落。

我一方面非常地希望欧阳予会告诉我他的真实想法，一方面又害怕听到我最不愿意听到的事情。在矛盾的心情中，我定了回北京的双程机票。

我决定先不做任何变动的利用年终假期回去看看，如果一切有变的话，我还可以做其他打算，至少我不会失去太多。

现实中，人往往考虑甚多。当感情的潮水退却后，真正的自私才会暴露出来。我在纽约生活多年，考虑事情必须基于自我保护的本能。

决定起程之前，我再次给欧阳予家里去了电话。

此时，正是纽约的白天，北京的夜里。

电话接通后，对方是一个睡意朦胧的女声："喂，哪位？"

同样的女声接电话已经不是第一次了，以往我都会默默的放下电话，可这次我决意要弄个明白，既然欧阳予毫不顾忌，我又何必客气。

"我是欧阳予纽约的未婚妻，请问你是谁？"

对方的声音颇为惊讶："我是他女朋友，我可从来都没有听他是说起过你。"

"好吧，等欧阳予回来，你自己问问他吧！"我挂上了电话。

其实，我并不是不在乎，而是自问没有这个权利。毕竟，这大半年来，是我让他处在等待中的。女人大凡有两种，一种当发现情敌的存在后，会怒从心头起恶像胆边生地勇往直前冲向目标；另一种则会退一步海阔天空地等待目标自己做出选择。我一向属于后者，持着是你的跑不掉，不是你的争也没用的信条做人。在感情游戏中，我从来都把骄傲看成是自尊的表现，特别是当我把我和欧阳予之间的感情看得太神圣不可侵犯的时候。

一连几天，欧阳予那边没有任何消息。我多么希望他会打个电话来解释原委。只要他来电话，其他的都无所谓。我知道如果他心里还有我的话，他会来电话的。

几天的等待中，我常常回想我们在北京度过的那一个月，美丽而狂热的一个月。也许人的一生有过这么一次轰轰烈烈的灿烂，就该知足了吧。我真的没有后悔。如果时光倒流，我还会义无返顾地按照我的激情重走一遍的。

纽约那年的冬天非常地冷，几乎每几天就下一场厚厚的大雪。曼哈顿市区一片白茫茫，街道两旁停放的各式汽车一夜间会变成一座座雪丘立在那里，连绵起伏，蔚为壮观。

穿着厚厚的开士米大衣沿街从东城向西城漫步，我浏览着两旁灯光闪烁色彩缤纷的商店橱窗。第五大道上空已挂上了每年为圣诞节准备的巨型雪花球灯，耀眼非常。城里所有树都披上了串串灯火，在夜里像一簇簇怒放的火树银花。

一年一度的圣诞节即将来临，曼哈顿最美丽的季节。

记得在北京时，我和欧阳予就是怎么沿着长安街漫步。相比之下，北京的冬夜幽暗而没有生气，干冷的空气中弥漫着淡淡的煤烟味。但我和欧阳予却是非常地开心，拥有彼此的实在感使我们可以傲视整个世界。

“纽约真的那么美吗，像电影里的那样？不是给美化了吧？”欧阳予好奇的问道。

我微笑：“只怕电影根本拍不出纽约真正的感觉。纽约就像一座不夜城，到处灯火辉煌。如果夜里睡不着，可以到各式酒吧和咖啡馆坐坐，喝一杯浓浓的意大利咖啡，坐在暖气十足的屋里，隔窗看灯火闪烁的夜景，非常之享受。”

“那你真的会为我放弃这一切回北京吗？”

“真的，不是回北京，而是回你身边。”

“说实在的，我真怕自己等你等的像北海的白塔，孤零零的，而你却一去不归。”

此刻，站在曼哈顿的街头，回想过去的对话，我只觉得自己像白塔一样孤独。

半夜，电话铃声急响，我伸手接过，听见越洋长途电话的背景声，心马上开始绷紧。

“是韩依华小姐吗？”我即刻听出了她的声音。

“请问什么事？”我尽量保持平静，但心中还是有种不祥的感觉。

“听说你要回来了，我想先告诉你一声，欢迎你回来喝我们的喜酒，我和欧阳予要结婚了。”

我呆住了，反应了好一会才问：“欧阳予现在在哪？”

对方的声音忽然变得极之不悦：“你不要一相情愿了。我知道这么多年来你一直喜欢欧阳予，可他对你却没什么感觉。告诉你，我和他同居快一年了，他从来都没有提到过你。接着，她又絮絮叨叨地说了好些欧阳予是怎样追求她，如何亲自驱车到她父母那里求婚。我怔怔的听着，好像是在听另一个跟我好不相关的人的故事。

放下电话以后，我的脑子里一片茫然。

我做梦也没想到，欧阳予居然没有给我打电话。他根本不在乎我的感觉，我虽然并不相信这个女孩的话，但不得不怀疑欧阳予对我的诚意。

强烈的难以置信下，我给玲玲拨了电话，听到玲玲充满睡意的声音，泪水便奔腾而下。在那一刻，我知道我永远失去了欧阳予，失去了我以为我可以相依终生的伴侣。

至此之后，欧阳予像是从地球上消失了似的，杳无音讯。

我不顾玲玲的反对还是给欧阳予写了一封长信，回顾了我们相识以来的种种，希望作为多年好友，他能够解释一下到底是怎么回事。我心里不愿意相信一年不到，我和他之间一切就已经彻底改变。

我并不是在乎一纸婚约，我在乎的是我们多年的了解和爱。

北京那面没有任何动静。

再度为公司的项目回北京洽谈时，已经是两年以后的夏天。正是炎热的八月份。北京城里城外一片尘土飞扬，大兴土木。更多的酒店和居民楼再兴建中，而几条环城公路已经竣工，整个城市面貌比两年前更为焕然一新。

我是和大老板的首席财政顾问汤姆回去谈一个合作项目的。

财政顾问汤姆是一个三十五岁的瘦个子美国人，哥伦比亚大学的商学硕士，非常精明，他和我认识几年，对我爱慕以久。我们平常除了工作外，常到酒吧喝酒聊天，上至天文下至地理，男女之事无所不谈。我跟他谈到欧阳予时，他大为不屑，认为我在找男人方面没眼光。

“依华，你这人是聪明反被聪明误，尽找些不配你的男人。”

“告诉你，他是作家，比你有感觉的多。”我心中不快，开始翻脸。

“可他没有我对你真诚，我喜欢你这么久，也等了这么久。如果说除了你，我没有和别人结婚的兴趣，我是会做到的。假如你肯给我一个月，我会让你成为世界上最幸福的新娘。”

我冷笑：“你怎么会下这么大的赌注？”

汤姆摇头：“一个聪明的男人如果找到一个相配的女人，他就知道他不应轻易放手。看来欧阳予显然聪明，但根本没有品位，不懂女人。”

我的眼眶红了，赶紧用笑遮掩过去：“算了，少这么说。别人还以为我们睡过觉呢！我们连手都没碰过，谈什么结婚？！美国人从来是先兵后礼，还没听说过盲婚的呢。”

汤姆气得只管喝酒，不再理我。美国人就是这点直率，自己喜欢什么就不管不顾，完全没有中国人的含蓄。

住进长城酒店，我和汤姆忙着处理工作上的事宜，为第二天的客户会谈做所有的准备工作。我喜欢跟汤姆出差，对工作精益求精到完美的他永远不会出差错，跟他工作你永远不用担心是否做对、做好，他永远会弥补别人的不足，让你不用担心结果。此次来北京出差我已经心猿意马，知道不可能再工作上相往常一样做到完美。我心里明白汤姆的认真和他对我的喜欢足足可以让他为我可能出的错误做好挽救工作。有他垫底，我知道我不用像平常一样几乎用全部的时间费心工作。

“晚上我们好好吃一顿，然后你带我到各地方转转，让我这个老纽约也开开眼界。”傍晚时分，汤姆对我说。

我含糊地点头，神情迷惘地看着他。不知道为什么两年不见，北京给我一种茫然仓皇的感觉。两年前我以为我在北京找到归宿，两年后，故地重游我依然孤身一个人，这种失落带来的茫然让我在北京黄昏将临的时刻更加感到异常寂寞。

站在汤姆顶楼客房里，眺望着玻璃窗外北京北城的一边黄昏的苍茫景色，我的心充满了莫名的哀伤，大有一种不见去年人，泪湿春衫袖的感觉。

我先去换洗一下，我语调疲惫地对汤姆说，我再打电话给你。

回到我的房间关上门，我想都没想就给欧阳予拨了电话，正好是他接的。

“是我，我单刀直入，完全没有废话：“我住在长城，想见你一面。”

“我现在没时间”欧阳予声音没有任何变化，像以往一样沉着，不带任何感 * 彩，仿佛完全没有两年以后的某个时刻接到起前情人电话的那种惊讶或者感触。他好像很平淡地说：“这些天忙着开一个会还要写一些东西。你这次来呆多久？要不要再打电话约时间？”

“告诉你欧阳予，少跟我来这一套！我不过是想和你谈谈，你怕什么？你有时间也好没时间也好，这个面是见定了。如果你不出来，我就去你家找你。我不会顾及你面子的。”

话一落音，我都为自己的无赖态度感到吃惊，什么时候我也变成了泼妇一名呢。

欧阳予的反应也出乎我的意料，他顿了一下说：“好吧，那今晚在长城大厅见。”

我反到怔住了，看来做人还是要厉害点才有用，起码能唬人。很显然，欧阳予怕我去他家闹，撞上他的同居女友。我是不会幼稚到还以为他旧情难忘的地步的。

“对不起，失陪，今晚你自己吃吧”我在酒店的酒吧里见到梳洗完毕等待着我的 汤姆说：“我晚上有约”

“是不是去见欧阳予？”汤姆料事如神“你不会再来浪漫的一个月吧？公司可没那么多的假给你。”声音中已有了几分冷意。

“随你便！”我转身就走。

“依华”汤姆一把将我拉住，蓝眼睛严厉的望着我：“你怎么这样不懂事？我不想看见你在受伤害。你明知道他已不再爱你，或许他根本就不懂什么是爱。我是男人，我懂！一个男人真的想要一个女人时，他什么都能做到，等待算什么！”

汤姆的每一句话都如子弹般的打在我心上，把这些日子来的伤心和失望全部翻了上来。我不敢相信他说的都是真的，我不能相信。

“对，我就是这样自找活该。”我板着脸，极力忍着涌上的泪水。“只要他愿意，我还会和他和好，管他结不结婚，爱不爱我，只要我还爱他，就不在乎其他。反正，人活着就是找开心不是吗？”

我以为汤姆会对我的破罐破摔再骂什么，但他没有，只是木着脸叹了口气，然后松开了抓住我胳膊的手。

在酒店大厅的咖啡座上等了十分钟，我已经开始失望，欧阳予也许根本就不会来，他要让我完全的死了这条心。

我站了起来，准备踱到大厅的喷水池前，然后回房间。

面对假山上的喷泉时，有人在背后拉了拉我肩上的挎包带

欧阳予！我倏地回过身来，和面前的他四目相对。

欧阳予胖了一些，眼睛也因此失去了昔日的某些神采。他穿了一身普普通通灰蓝色的衣服，似乎落满灰尘。或许是我的眼光已经改变，他好像老了许多，已没有了一年前我和他疯狂相恋时具有的那种男性的神气和力量。站在那里，他整个人给我一种陌生感。

“你还是那样，没变。”我虚伪地说。

“你也还是老样子，只是头发剪短了，我还是比较喜欢你长发披肩的样子。”

长发为君剪？我暗自冷笑。

我们在酒店咖啡厅坐下，要了两杯咖啡。

我从没有想过和欧阳予的再次重逢会是这种场面。整整十分钟，我和他都像陌生人一样客客气气地问寒问暖，没话找话地虚情假意一番。两个人都小心翼翼地绕着圈子，生怕触及到某个话题似的。

凝视着欧阳予顾左右而言它而好似躲躲闪闪的目光，我心里很是难过。曾经，我们是那样的相亲相爱，计划着在这里建立一个温暖的家。甚至就在这个酒店咖啡厅，我们曾相依而坐，笑谈将来的一切。在机场分别的时候，他曾深情地凝望我，告诉我他会等着我的归来。仅仅一年的时间，往事仍历历在目，而一切都已过去。

我低头喝咖啡时，欧阳予忽然开口了："依华，是我对不起你。"

"有什么对不起的？" 我装作愕然，像的几乎乱真。" 我们不还是朋友嘛，谈不上什么对的起对不起的。"

"我知道我伤害了你，这完全是我的错。"

我抬头看这欧阳予的眼睛，在那里面我曾经看到过的真诚和热情已经被一种游移不定所代替。

"你有没有和她结婚？"

"没有。根本不可能。"欧阳予摇头："我不知道她给你打电话的事儿，反正这种人就是这样讨厌。原以为是逢场作戏，没想到她当了真，就这样缠到现在。"

我看着欧阳予，非常失望。他到现在还不跟我讲真话，以为我是傻瓜吗？

"那你为什么不给我打个电话，解释一下也好吗。其实我不过是想从你嘴里听到这一切，而不是从其他什么人那里。"

"我能解释什么？讲清分手？我不甘心；装没这事，那不是骗你嘛。"

"你不是骗我骗得很成功嘛！我曾经以为别的女人不过是你生命中的过客，而我才是唯一的归宿。现在看来，我大错特错了。说句实话，我并不在乎你和谁好，我在乎的是你根本无所谓我的存在。你处理事情的方式和态度令我失望。”

“你有权恨我，依华，我伤害你和她两个人。不过我希望你还会给我们彼此一个机会。我知道你也许不会再轻易相信，可我对你是真的。”

“曾经，你是真的爱我，现在，就很难说了。你知道，我要的是一个我完全可以信任可以依赖的归宿。如果只是 PLAY GAME 话，我不会飘洋过海来玩。其实，从你这么久以来的沉默，我已经知道了我在你心中的地位根本无足轻重。”我再三告诫自己不要激动，然而依然没能控制住情绪。

我坐在幽暗的灯光下，望着眼睛根本不敢正视我的欧阳予，心里痛楚而又绝望。我难以相信我们曾狂热相爱，拥有过惊心动魄难以忘怀的一个月。

此时的欧阳予，我已完全不再了解。

“要不要我叫车送你回去？”看着欧阳予和服务员结帐，我尖刻的笑着说。当年我们热情相恋的时候，总是由我付账，现在我却安稳地看着他付钱。当一个女人不再爱一个男人或者对一个男人的感情有限的时候，她永远不会付钱。

欧阳予一语不发地和我并肩走出酒店，上了他停在外面的汽车。

“去我朋友家，我有钥匙。”他只简单地说了这么句话。接下来的路途上，他都沉默着，像是很疲倦。

下了车，我和欧阳予一前一后地沿黑洞洞的楼群向他朋友家走去。夜已深了，没什么人迹，楼群外面和楼道里面到处散乱放置的自行车令我们在暗中跌跌撞撞。这种感觉让人想到偷情的少年男女，而对于我们的年龄来说，那应该是多年前的事了。

夏夜的风从京城的远方飘来，依旧是那种多年前熟悉的温馨，带着野丁香花和槐花混和的味道。我想起年少的时代和那些多年前的往事，这一切令我眼眶湿润。

摸到楼道路口时，欧阳予忽然拉住我，我还没有反应过来就被他整个抱住。他身上依旧是淡淡的烟草味。

“原谅我，”他喃喃低语：“我依然爱着你。”

在这一刻，我清晰地体会到往事重温的感觉。

和欧阳予的那次性爱使我赫然发现了自己对他的感情已经全然不再。在整个做爱的过程中，我都可以清楚地看到自己审视的目光扫过他开始发福的腹部，他做爱时的某种令我讨厌的表情和姿态。我没有任何激情和没有任何欲望地和他机械地性爱，仿佛是多年的夫妻激情不再以后的定时例行公事。

我想象着当年的激动和狂热，想象着那时候的一切带给我的关于未来的玫瑰色梦想。不过两年的时间，当激情的潮水退潮之后，海边剩下的已经是各色支离破碎的记忆，在往事曾经辉煌过的光彩中逐渐黯淡。

回首当年，欧阳予充满了我的精神，却从来没有给我带来过肉体的高潮。而今一旦精神上的高潮已经消失的无影无踪之后，肉体的享受更是昨日黄花，美好不再了。我试图将我自己带入到和陌生人的一夜情的那种刺激中，然后即便是这样的尝试都是失败的。欧阳予已经成为了让我最没有性欲的男人，这个念头让我顿然清醒过来。

完事之后，欧阳予用重新得到了世界的那种口吻对我说，我知道我的结婚对象还是你，只有你让我重返激情的年代。

我默默地起身穿衣，在他开灯之前扭头对他说，我想我们以后不会再见面了。

欧阳予的神色一定充满了愕然。他永远不会想到在我的心目中，他已经丧失了全部的地位。

依华，我一直是爱你的。

你跟别人说去吧。我冷淡地回答着，走出那个身后灯光骤然亮起的屋子。

摸黑走进酒店的房间，我扭开客厅的吊灯开关。

如水倾泻的灯光下，我赫然看见汤姆一脸阴郁地坐在客厅的沙厅上，吓了一大跳。

“一夜风流啊！”他冷笑着。我看清他手上是一杯橙色的马提尼，茶几上的瓶中只剩下了半瓶酒。

“关你什么事?!”我扔下手中的银色皮包，甩下脚下的银色半跟皮鞋，走到衣橱前。落地镜中，我看见身上银色的吊带丝绸长裙已经爬上了许多皱痕，修剪时髦的短发也有些零乱。

“不用担心，你依旧亮丽如昔。”汤姆走到我身后，将手中的半瓶酒连杯子一起递给我：“那个欧阳予不知托了什么福，有这么一个漂亮佳人随时供他使用。”

“你少放屁！”我将手中的酒一仰而尽，仿佛连同昔日的记忆一起埋葬。

“告诉你，这次是我玩他就像你们男人玩女人一样。其实，我对欧阳予已经没有感觉。他也是个聪明人，我们俩的一切都在今晚结束了！”汤姆呆呆地看着我，大概没有想到我会如此无所谓吧。

连着几杯酒直灌下肚，我已经失去一半的感觉。这是我多年来第二次醉酒。半瓶喝完了，胃里开始烧得难受。我已经一天没有吃东西了，感到头重脚轻飘飘欲仙。

“怎么样。”我听见自己在尖声冷笑：“今晚要不要留下来陪陪我。”

半夜开始酒醒，我在床上直坐起来。

依旧是北京的夜，空气中混合着熟悉得不能再熟悉的陈旧家具味和尘土气息。恍惚间，我还以为是那年冬天在欧阳予的怀抱，重温那种不真实的幸福感。

汤姆在睡梦中被我惊醒，呢喃地说，快睡吧，明天还要早起呢。

我错愕地望着身边的近乎陌生的男人，不知自己到底身在何方。

别多想了，睡吧。汤姆咕噜了一句又翻身睡去。他身上的男性香水味道带给我强烈的陌生感，我难以想象汤姆在纽约追求我这么久以后居然在北京和我同床共枕。

我再也睡不着，呆怔着想心事。夜晚的时候最容易感怀旧事。此刻，坐在床上 看着窗外一片灰暗的天空，我难以忍受内心的感伤。就像多少年前在诗人老棋床上宿酒的那个二十岁的自己，我再也阻止不住地放声痛哭。物是人非，这种感觉着实让我心碎。

在北京的一个星期里，我不再接欧阳予的电话，他给我留了话，我也不回。每天，我都和汤姆忙着和客户的谈判工作，到了晚上就跟汤姆去酒吧里喝酒买醉。我和汤姆都没有提起过那个晚上我们酒醉以后睡过一床的事情。那是个心灵破碎而不堪回首的夜晚，我发誓永远不要再过一个孤独哀伤如那夜的日子。

飞机回纽约的那天，我戴着墨镜和汤姆坐在商务舱中，脸色木然，心中的感伤难以诉说。

“依华，我知道这话不该此时讲。汤姆看着我，一脸真诚 :" 我希望你嫁给我。”

我扭头看着窗外北京机场上忙碌的人们，泪水潸然而下。

人生之路如此，有的人来了又去，有缘无份。有的人则因一时机会得以停留下来。遗憾的是在如匆匆过客的生命路途的云烟中，多少曾爱的往事曾爱的人，都仅仅成为长留的记忆而已。

像往常一样，乘务小姐送来冰镇橘子水，我照例接过，一饮而尽。

飞机拔地而起。我知道此去将不知何日再归，而再归时我将成为一个陌生过客，就像北京与我已经完全陌生。很久以前，我在此拥有一个家；两年前，我想过和爱的人重新建一个家；而现在，我在此什么都不会再有。

尾声

季节来了又去，去了又来，冬天重新降临曼哈顿时，九五年圣诞节已在拐角了。纽约城到处灯火通明、金碧辉煌，一片火树银花佳节在望的热闹气氛。

我终于在那年秋天嫁给了汤姆，遂了他多年的心愿。婚礼的时刻，面对着所有到场的同事和朋友，我在教堂的通道上走向站在圣坛边等待我的汤姆，心里恍然有过一丝茫然，一瞬间，我期望自己走向一个挚爱的男人，一个愿意终身相许的伴侣。我知道在那一瞬间，我还是不自居地想起了欧阳予，想起了我们曾经的许诺。在那恍然如梦的瞬间，我感到泪水湿润了眼眶，眼前一片模糊。教堂里人们的笑脸也被我的泪水打动，他们绝对以为我被幸福冲昏了头脑，快乐得感动。我看到人们脸上的感动和陶醉，我看到汤姆脸上的笑意。

真没有想到，再次嫁人的时候，依然嫁的是美国人。只不过，杰斯和汤姆是完全不同的两个文化层级上的人。

在第五大道路的繁忙人流中，我和一个人擦肩而过时碰了一下。

“韩依华！”那人叫我，一口北京腔。

我完全呆住，根本不认得眼前这个满脸堆笑身材矮胖的中国男人是谁。

“记得吗？我是欧阳予的朋友老棋啊！我一眼就认出你了。你现在打扮得这么漂亮，简直惊人。难怪欧阳予对你念念不忘哪。”

面对着十二年前的艳遇对像，我平静如水，脸上一付公事化的笑容。欧阳予的名字在我的心里隐隐激起一点涟漪，而很快又风平浪静。

“欧阳予怎么样，好吗？”

“他小子发财了，现在公司都有好几家了。”老棋忙着从书包里翻照片给我看。他告诉我他刚刚从北京回来，打算和欧阳予一起做跨国生意。

“知道吗，我和李霞结婚了，现在正办她出来的手续。”老棋透露给我的消息令我惊讶不已。命运就是这样的奇怪，十二年前，我因为暗恋欧阳予而糊里糊涂地和老棋上床，十二年后，老棋终于娶到他一直暗恋的李霞为妻。这种归宿是任何人都没有想到的。

想起李霞那年春天打着红雨伞来我家宣布她和欧阳予的婚讯的雨天，好像已是陈年往事了。那是一个遥远的崇拜文化梦想成名成家的时代，离今天已经十多年了。

老棋好像也颇有感触：“曾几何时，我和欧阳予还做过得诺贝尔文学奖的梦呢。没想到今天还是靠做生意发财，书也不用写了。喏，这是我和李霞结婚时拍的。这不是是欧阳予嘛，他如今已经是北京的钻石王老五了。”

照片上，盛大的婚礼场景前面完全是一群近乎陌生人陌生的面孔。在这群面孔之中的那个盛装的新娘已经不再是我曾认识的那个充满青春笑靥的李霞。其中，一个胖胖的中年男人，似曾相识的面孔笑呵呵地望着我。我难以相信，这就是我曾倾心挚爱过的欧阳予，曾几何时，我们还以为是彼此的最终归宿。

下雪了，曼哈顿的上空飘满了白色的绒花，在高楼丛深的街道缝隙中缓缓飘零着，带着童话世界般的幽静和浪漫。这是一个白色的圣诞。

（1995 年纽约）

艺术家的情人与老婆

芦雨亭在一个雨夜来到她情人在 RIVINGTON 街上的住宅。

这是临街的一家店面，玻璃门外是沉重的大铁门，上面无一例外画满纽约最常见的各式涂鸦。

已是四月末，天气依然没有转热的迹象，风吹过来依然带着很重很有些刺骨的凉意。雨斜斜的有些急，芦雨亭的几缕头发已湿湿地贴在脑门上，使她的脸色更显苍白甚至发青。

此刻，RICINGTON 整条街已寥无人迹，空空荡荡的只有偶尔蹿过的几只老鼠和野猫，各自慌张地奔向沿街被人遗弃的垃圾堆或是荒凉的角落。

铁门被拉起又放落时，发出空旷的巨想。

这是一个寂寞的雨夜，没有人注意到芦雨亭的来访。

艺术家萧的宽畅的住处堆满了他的画具和颜料，墙上到处挂着他完成及正在完成的巨幅作品，异常鲜艳夺目的色彩在灯光下闪着诡异的光泽。

萧是纽约一名开始小有名气的艺术画家，他的作品已多次参加过欧洲的艺术画展，并在纽约下城的几家画廊里寄售。

纽约下城是著名的现代艺术摇篮，凡是跟艺术沾边的任何东西都应有尽有，各色号称艺术家的人马更多如牛毛。对于那些许许多多在生活边缘挣扎的年轻艺术家来说，能在画廊签约卖画已是梦寐以求的事，而对骄傲的萧来说，他的野心何止于此。他对自己在艺术上的要求和 愿望其高无比，根本不是一般人所能理解的。他并不满足他现有的成就，他期望着有一天能成为巨星，在下城BROADWAY 百老汇街上又有一幢巨大的楼房，开自己的画廊和画室。这是他美国梦的一部分，为此，他愿付出任何代价。

人如其画，萧本人也是一个桀骜不驯倜傥无羁，用大把的青春在男孩和男人的界限边缘左右徘徊的年轻人。

对于女友芦雨亭的雨夜来访，萧充满了期待。

他迷恋并挚爱芦雨亭的事实是令人无懈可击的，这从他宁愿冒着失去他老婆孩子的风险也要和芦雨亭来往这一点上得到了明确的证明。而使萧迷惑不解的是女友芦雨亭似乎并不明白他为她做的牺牲。这一点也是萧从芦雨亭情绪不定的变化中得到证实的。

但无论如何，萧在今晚还是耐心期望着女友的情绪处于两人关系的最佳状态。他刚刚完成了一件小小的水彩画，准备送给芦雨亭，让她有一个意外的惊喜。除了芦雨亭外，他一向坚持着不送画给任何人的原则。

芦雨亭此刻恰恰处在她最不稳定的情绪中。

坐在萧的画室中仅有的一张沙发上，芦雨亭两只纤细的手环抱在胸前，上身挺立着，两眼迷茫地注视着墙上的画作。她充满热带风情的花雨伞斜在地上，慢慢地汪出一小滩积水。

萧欣赏着女友的优美姿态，他喜欢她那种不经意时流露出的迷惘的神情，感觉山个像一件处于静态的艺术品。

芦雨亭是服装杂志的摄影模特儿，举手头足都带着一种近于完美的画面感，使得她别具气质，在华贵和纯真的混合中令人着迷。萧不禁将女友拥入怀中，感到她在寒气中的纤弱，心中顿生怜悯。

我怀孕了，芦雨亭用近乎于平静的语调告诉萧这个惊人的消息。

食品水果店的韩国人金老板在拂晓时分开店时，注意到隔着街对门的画家萧的店面有些异样。

金老板是第一个在 RIVINGTON 街上开水果食品商店的韩国人。两年下来，他目睹了周围所有店面的兴衰和迁移，也对 RIVINGTON 街各个行业发展的大起大落也见怪不怪了。

几个月前，艺术家萧搬进对面的店面时，金老板开始并没有特别地予以注意。虽然萧如瀑布般的黑色长发，配上前卫而不拘一格的穿着格外鲜明，和 RIVINGTON 街上及周围陈旧低调的环境格格不入，金老板倒不像其他人那样在乎，艺术家嘛，当然和一般人不同。

不过，有一件事引起了金老板的好奇。

艺术家萧的生活似乎出入着两个完全不同的年轻女人。

两个女人之中，高个子的东方姑娘长发飘飘身材高挑，衣着时尚醒目颜色却柔和淡雅给人舒服感。她绝对是一个走在街上都会令男人回头再看的漂亮女人。身材矮些的西方女子完全是另一种类型，沉默严肃，眉宇之间锁藏着淡淡的苦涩，令她有一种超越年龄的成熟。

金老板远观已久，从身体语言上来看，萧和高个女人明显是一对情侣，两人从来是很亲热的手挽手肩并肩出入在 RIVINGTON 街上。而深棕短发的较矮个子的女人和萧在一起时的客气有理，更给人一种类似兄弟姐妹的关系。金老板不禁猜测艺术家萧和这两个女人到底是怎么一回事。

金老板不是多事的人，但他还是忍不住在一个客人稀少的傍晚做了好事的举动。

那天晚上，深棕发的女人从萧的画室出来，径直穿过 RIVINGTON 街来到水果店买东西。

你们店什么时候开张啊？金老板打着招呼。其实，他想问的是脑子中的另一个问题。

快了。女人客气地笑着。

你和萧先生一起开店？金老板明知故问道。

不，这是我先生自己的工作室，我来帮他整理一下。

金老板在目送艺术家的妻子的背影消失在街对面的铁门后时，心里完全明白了怎么一回事。

所以，在这个雨后的清晨，金老板注意到艺术家萧一反往常的神秘的作息时间，早早打开铁门时，他并不惊讶。

金老板看到那个高个子穿着青色丝绒紧身短裙的漂亮女人和萧一起从屋里走了出来。萧长发散乱，神情疲惫，而那个年轻女人眼睛红肿，一脸憔悴。

芦雨亭完全让怀孕这件事击倒了，她处在极度彷徨和茫然之中。

芦雨亭不知道自己是否应该要肚中的这个孩子。

芦雨亭一直有一个在别的女人看来很奇怪的想法。她认为她此生要么就不要孩子，要孩子的话就要和自己爱的人生。她可以不因为爱而结婚，但不可以没有爱而生孩子。

在她二十八年的生命中，她有过男朋友，和人订过婚也为绿卡而结过婚，但不可以没有爱而生孩子。现在，她怀了孕，怀了自己爱的人的孩子，她不但没有欣喜若狂，反而充满忧虑。

一切的起源都在于她爱的人萧是个已婚男人。对未婚女人来讲，一个男人再好，一旦结了婚，就没有什么价值了。就像一本借来的书，内容再精彩也只是借来的，而并不能名正言顺的拥有。假如芦雨亭所需要的仅仅是和萧在一起的开心倒也罢了，要命的是她完全爱上了这个能给她带来开心的人。事情也就是从那一刻开始起就变的麻烦了。

按说，芦雨亭是个聪明能干的女人，不必用感情做赌注来和男人较量。她还年轻漂亮，有资本来从容地为自己的终生选择一个可靠的单身男人。可是谁知道，爱这种感情不来则已，一来便气势凶猛，挡都挡不住。一旦陷入了感情的旋涡中，任何人都难以自拔。

芦雨亭和萧的来往已经一年有余。以来在一起只是因为能讲到一起去而开心，后来意识到世界上真正能讲到一起去的人并不多便动了心。人一旦动了心，便难在往回收。于是，芦雨亭眼看着自己愈陷愈深却无能为力。

人在感情之中，往往是最天真的。

芦雨亭开始期望她和萧有个好的结局。

和男人不同的是，女人是感情的动物。他们对于感情上的得失看重的如同男人们对于自己事业。对男人来讲，事业上的成功与否决定着他们生活上的快乐和幸福；而对女人来说，事业上再成功也不如得到一个如意的终身伴侣那样令他们幸福。

芦雨亭根本上也没有一个事业，她不过是一个没有任何名气的摄影模特儿。像她这样为 邮购时装杂志拍广告的女孩子在纽约多得遍地都是，靠青春美貌吃饭。如果没有特别出色的条件和机遇，大部分做这行的女孩到了一定的年龄都得转行。芦雨亭对此不是没有焦虑的。

几年下来，芦雨亭攒了点钱，为自己在东上城买了间小公寓。她知道在她找到合适的结婚对象之前，她要为自己的将来做打算。

很多女孩想嫁人的目的是为后半辈子找经济的靠山，雨亭却不这样想。她要找的饿是感情上的伴侣，像她父母那样恩恩爱爱的工作生活在一起。

爱上已婚艺术家萧使雨亭喜忧参半。

她知道自己在用对后半生的希望做赌注，来进行一场难知输赢的赌博，弄不好会江山尽失。

在这种情况下怀了孕，芦雨亭不得不三思而行。

下午时分起了风，使原来刚刚开始暖和的春日一下子又冷了起来。

这个春天，纽约的天气似乎有些反常。

而 RIVINGTON 街上的春意从三月就开始暗暗的弥漫。街上西裔女人开始露出白色的大腿，在沿街的各色的店铺和摊子前三五成群的流连。金老板的水果店也把大批水果摆在店门口的摊位上向路人兜售，红红绿绿的桃梨香蕉在依旧冷冷的阳光下闪着新鲜的光泽。金老板的墨西哥伙计阿米诺从三月开始就坐在门前的摊位上洗水果，与隔壁的面包店伙计对街上路过的女人品头论足。

艺术家萧对街上传来裹着女人嬉笑的春意根本没有任何感觉。

他赤裸着上身埋头在他的木雕画前烧烧刻刻。他长发上散落着点点白色的木屑，屋子里弥漫着木头被烧焦的味道。

在整个的下午工作中，艺术家萧变的烦躁不安，他时常停下来呆望着手上的木刻画出神，思想难以集中。

女友芦雨亭的怀孕给他的生活带来意想不到的阴影。

萧是一个生活在他所创造的艺术世界里的人。芦雨亭出现在他的生活中之前，他从来没有仔细考虑过他的婚姻生活到底是什么，就更没有想过离婚的问题。自从他和美国留学生苏珊结了婚，从中国来到纽约后，他想的完全是他的美国梦的实现，现实生活中的种种实际问题对他距离遥远。

他没有想到爱上雨亭会给他的生活带来一百八十度的改变。

萧和雨亭的恋情的开始就像任何婚外情一样是瞒着他太太苏珊进行。虽然他很不喜欢这种偷偷摸摸的行为，但他没有勇气将这一个事实告诉苏珊。

知道苏珊从芦雨亭写给萧的情书中发现这个秘密，事情才反正了实质的变化。

震惊之下的苏珊不能容忍萧的婚外情，她要萧在她和雨亭之中做一个选择。

艺术家萧碰到了他一生中最头疼的事。

凭良心，他无法抛下曾经把他带出中国从让他有机会在纽约实现他一生想的妻子；凭感情，他更无法承受失去知己和爱人的痛苦。

大概，人生最痛的是鱼和熊掌不可兼得吧。很多时候，有选择比没有选择来的更难。对于人生道路一帆风顺的艺术家萧来讲，生活在这时候忽然抖开了各种复杂的颜色，一时之间他眼花缭乱，不能够确定自己是否有辨色的能力。

毫无其它的办法下，萧搬出他和苏珊在纽约城郊买的房子，在曼哈顿下城 RIVINGTON 街上租下了这家店面作画室，暂时逃避现状。在搬家的过程中，他突发奇想，认为如果有一天他赚了很多钱，生活中的各种麻烦就会迎刃而解。有了足够的钱，他便能够补偿妻子和女友因他产生的不愉快，他也能因为这种补偿而达到心理平衡。于是，从来没把赚钱当回事的艺术家萧开始作起赚钱的努力。

没想到这个时候，芦雨亭怀了孕。

萧完全乱了头脑。

他不是没有期望过和雨亭在一起的生活。雨亭是个对他充满爱心和理解力同时又令他快乐的女人。他也希望他能够和雨亭有家有孩子。但是他知道这在很多程度上是个梦想。如果雨亭声了孩子，他就要负起责任。这样对苏珊任何交代，他简直不敢想。他知道如果这件事闹大了，后果不堪设想。他还没有冒这个风险的心理准备。

这个下午，他以来打算去见女友仔细地商讨一下这个问题，但人还没出门，电话就响了。

苏珊在丈夫萧最烦躁不安的时候驾到。

此刻，面对着手上忙了一半的作品，萧心中七上八下，他担心着雨亭，急着打个电话看看情况。他知道情绪不稳的雨亭很可能因为他的临时改变注意而不开心。

苏珊在屋中忙来忙去，完全没有要走的意思。

你到对面帮我买点吃的东西吧。灵机一动下，萧对苏珊说。

苏珊似乎并没有察觉到丈夫的动机，她转身出了门。

看着苏珊的背影消失在对门的食品商店里，萧赶紧拿起电话。

水果食品商店的金老板已经有好几天没有看到萧的女友了，他心里不禁有些纳闷。说实话，金老板喜欢漂亮女人，尤其像那种高高瘦瘦却很有风韵的女人。

RIVINGTON 是一条有着形形色色店铺的街道，街道上来往着形形色色的女人。但是，穿着漂亮有上城品味的女人非常少见，靓丽鲜明的时尚模特儿型的女人就更没有。对于常常看到艺术家的模特儿女友的金老板来说，怀念那个长发如水般光滑长裙如丝般飘逸的年轻女人便是很正常的事了。在金老板的心底隐秘深处，那个漂亮的年轻女人总是让他想起他年轻时曾热恋的一个女孩子。

因此，金老板在看到萧的太太苏珊时热情不佳也是毫无指责的一件事。

金老板对美国女人总是有一种不正常的偏见，认为她们远不如亚洲女人温顺可爱。金老板来美国有很多年了，但对深眼窝粗皮肤的美国女人仍难以接受。他依旧怀念他故乡那些梳着又黑又长的粗辫子，纱裙婆娑、皮肤光滑的姑娘和她们温柔的笑颜。

此时，在东下城 RIVINGTON 街上的水果店里，隔着玻璃窗望着街上来往的人们，回想起年轻时的故事和年轻时的恋人，金老板的眼睛不知不觉有些湿润，他觉得他开始老了。

苏珊开始对丈夫萧所在的 RIVINGTON 街隐隐有了一种不安，她总觉得有什么不对的地方。

萧的画室弥漫着一股奇怪的气氛，立在墙边上静默的画框和萧背对她时的沉默仿佛都预示着什么。萧养的绿眼睛黑猫，从她身边经过时对她的那种漫不经心懒洋洋的注视好像也带着藐视。最奇怪的是连水果店的金老板看她时也流露出来不屑一顾的样子。

苏珊的不安在通过她全身时，她忽然意识到她最不愿意面对的问题。

苏珊知道芦雨亭来过这里。她从萧客气但有距离感的眼神里看得到雨亭的影子，甚至从屋子中的空气中可以闻到淡淡的带着花香的味道，她敏感的意识到那是芦雨亭身上留下的香氛。

苏珊感到窒息，她的手开始发冷。她极力克制着自己的愤怒。

苏珊完全没有想到她七年的婚姻具体那竟会出现这种局面，这曾经是她最担心发生的事，现在简直是噩梦成真。

苏珊十二岁的时候，她的父亲在一个冬天滴水成冰的早晨离开了家，再也没有回来。大家说她父亲是和他爱上的一个女人走的。

苏珊清楚的记得那个寒冷的早晨，她缩在窗后，看着父亲开动起他的货车，头也不回的驶出院子的大门。车轮在雪地上留下了两道深深的痕印，像是压在她的心上。她未老先衰的母亲木木的呆坐在乱七八糟的窄小的厨房里，仿佛外面发生的一切与她毫无关系。

对苏珊来讲，这是她童年时期的最大阴影。

就从那一天起，苏珊做了有一天她要离开这个没有个给与她任何温暖的家的决定。

看着在一家银行做小职员的母亲在抚养她及几个兄弟姐妹的窘况中艰辛挣扎，苏珊发誓她永不结婚，不步母亲的后尘。

二十二岁那年，经历了几次失败的恋爱，苏珊来到中国教英语，以此换取留学的费用。在南方一个小城的美术学院任教时，遇到了美术系的高材生萧。萧的才貌使苏珊一见倾心，她开始心有所动。

苏珊是个聪明的人，她知道比她条件好的中国女孩多得是，要在她们之中竞争是吃力不讨好的事，得到萧这样的人靠的是机会和缘分。

苏珊的机会在她快要离开中国的时候来到了。

萧是个对自己的将来充满野心的人，而现实他个人事业的成功梦想只有在美国这块以机会著名的土地上。而在八十年代的中国，最快的出国途径是与美国人结婚。

苏珊固然喜欢萧，但对他的才华更为欣赏。虽然她对自己和萧声称她考虑跟他结婚的是欣赏他的才能而愿意助他一臂之力，但她心底深处很明白这很可能是得到萧的唯一机会。

婚后的苏珊对她的婚姻一直没有什么安全感。除了童年的阴影外，萧的才貌双全对她也是很大的心理压力。她有时暗想，如过萧生在美国的话或者她自己不是美国人的话，萧很可能不会娶她。

这个想法常常令她非常不愉快也更加没有安全感，也使她对萧增加了一层不可理喻的占有欲。毕竟，萧是她一手带出中国的，她对他是有恩的。

维持任何健康的感情关系的第一步是双方平等的。就像夏烙蒂的《简爱》一书宣扬的那样，人只有在上帝面前在爱面前是平等的。如果加进了知恩必报这一层，婚姻关系就不再平衡。

苏珊不是不明白这一层，而是她不想明白也不敢明白。世上能看清楚一切并愿意接受正确理论的女人是不多的。更何况，苏珊不需要明白很多，因为她已经是萧的妻子，妻子是有权对丈夫有要求的。她不过是个普通女人，对丈夫的要求也和其他普通的老婆一样。

和萧七年的婚姻，苏珊尽了她最大的能力来让萧得到他事业上所要求的一切。

七年来，她不要丈夫工作，而是靠她自己的一份工作收入来支撑着家。虽然她完全可以不必要这样做，但她情愿。看到丈夫取得成就的同时，她为自己感到骄傲。她对自己和婚姻的信心完全建筑在她自己对丈夫的付出上，付出越多，她觉得丈夫欠她的越多，她的安全感相形之下就越多。

随着萧的艺术成就的增加，朋友亲戚对她自我牺牲所投来的更多的尊敬目光，她的自信心也得到了极大的满足，对丈夫占有的欲求也就越大。

苏珊的成就感整个建立在萧的事业上，这使她完全丧失了看清楚自己婚姻实际情况的能力。

苏珊很怕失去丈夫萧，这种怕常常使她噩梦连连。直到她和萧的孩子出世以后，她的这种恐惧感才开始减少。

没想到就在这个时候，萧的生活中有了另一个女人的位置。

对此，苏珊根本难以相信难以接受。

十二岁时父亲弃她母亲而去的情景再一次历历在目，往事重演，苏珊伤心欲绝，多少年来，她怕的就是这个。

她不明白自己做错了什么，她为萧付出了那么多，萧怎么可以这样对不起她。伤心之中，她无法清醒的意识到她对爱对婚姻的某种误解导致了她和萧今天的一切。

苏珊把一切的恨都转到萧的女友身上，认为芦雨亭夺走了她全部的希望和爱。

多少年来，苏珊把她的时间和精力花在建设她的职业、丈夫萧的艺术和她出世不久的孩子。她对穿着打扮所知甚少。她从不像其他年轻女人那样每天花时间在化妆品香水及时装方面修饰自己，因而她对个人着装品位风格及旗帜方面没什么感觉。她也从来不屑于和那些打扮得青春美丽的同龄人相比较。

从小，她就不喜欢漂亮的女孩，因为她们的容光焕发，她们的自信，她们在男孩子们面前的狂妄大度都令她感到自卑。苏珊开始痛恨芦雨亭东方式的美丽和优雅，恨她控制男人的聪慧和才能，更恨她对萧的影响力。

苏珊不明白的是芦雨亭凭什么在短短的一年之内就夺走她辛辛苦苦在七年里才建立的心血结晶。

芦雨亭在她东上城的公寓里接到情人老婆的电话时，她的震惊和气愤简直难以形容。

雨亭已经几天没见到萧了。萧暗示她近来不要到 RIVINGTON 街的画室去找他，因为苏珊近来开始采取盯人措施，常常还没到下班就到萧的画室去接他回家。虽然萧很不开心，但他不愿为此和苏珊吵翻。

自从萧正式对苏珊承认他和雨亭的关系后，已被苏珊的沮丧和抱怨搞的头昏脑涨，他只有请雨亭谅解他。

和艺术家萧在一起交往的这段时间来，芦雨亭很少再接原本就不多的摄影模特工作，工作变的零星起来，她的收入也急剧下降。

眼看着收入不保，前途济济，芦雨亭心情已经很不好。她二十八岁了，对于模特儿这行的来讲，她已不再年轻。无论如何，她要为以后的生活做打算。

怀孕之后，她的孕期反应很大，常常在拍照空挡中冲到洗手间去呕吐。她光滑白皙的脸上也开始出现斑点，这使她更加紧张。在这种情况下，再见不到萧，和爱的人 一起分担她的忧虑，她心情之恶劣可想而知。

虽然，芦雨亭和萧在一起的渴望已经到了不见一日如隔三秋的程度，但她不是那种死缠烂打的人。她知道这就是和已婚男人恋爱的局面。既然她爱的是萧而且也知道他的婚姻状况，她就没什么可抱怨的。道路是她自己选择的，她有什么可责怪的呢。

她只是替自己不开心，毕竟，再明智她也是一个爱情之中的女人，渴望着和情人分享生命中的每一日。人生苦短，没有爱人 也罢了，既然有情有爱当然是希望至生和爱人分享了。

其实，如果是正常的恋爱关系，芦雨亭也不见得非想和萧每天在一起不可。只是现在这种状况下，雨亭只有通过和萧的经常见面来确实他们的关系仍然存在。她虽然知道她和萧的感情不是几天就可以消失，但她对他有可能因为任何原因而不再出现的担心是确实存在的。无论如何，她爱的人是别的女人的丈夫，而这种爱又不是可以理直气壮去争取的。

对于感情的安全来讲，这就是一纸婚姻有否的不同。没有爱的婚姻尽管可以随时破裂，但通常，事情一天不解决，人就一天不消失。而没有婚姻的爱也许终生存在，但人可以因着点点的不开心而断然在一天中分手。

芦雨亭和萧不是没有试过分手的。

一年中，有很多次，两人在压力之下因不开心而吵架分手。但每次想起两人在一起时的种种快乐，两个人就会又跑向对方。次数多了，两个人也搞不懂到底是怎么回事。

芦雨亭是一个非常有主见的女孩，这从她当年坚决辞去在北京模特公司的优职，不顾未婚夫的反对而只身来到纽约闯天下这件事就可略一般。

很多人对做时装模特的妇孩都有颇有成见，认为她们不过是有亮丽外型却没有聪明头脑的幸运儿。而在芦雨亭身上，这种漂亮和聪明该成反比的论调却没有应验。

芦雨亭那种非常明白自已是谁，要的又是什么的女人。她没有和她留在北京的未婚夫结婚与他做什么工作挣多少钱都要没关系。她到了纽约见了大世面，北京那个世界对她来讲也就太小了。一旦要的东西喜欢的人都开始不同，她知道她已经回不到过去了。

她跟未婚夫分手后，很多人都说她忘恩负义，她也不多解释。后来，未婚夫做生意发了财，娶了一个比芦雨亭更年轻漂亮的小明星，人们又说芦雨亭当时不该急着分手，该给自己留条后路，她也只是一笑。她知道她要的是什么，她不在乎。

在纽约作模特儿完全是否另一回事。

芦雨亭在北京当模特儿的原因不过是因为好玩，满足虚荣心。如果条件合适，哪一个女孩不想当模特呢？最起码有漂亮的衣服穿，有在镁光灯下展示优美的身段而引起众人赞叹的机会。芦雨亭和父母同住，吃穿不愁，自然不会在乎当模特有没有钱挣。

而在纽约这么一个房租吃穿都负担昂贵的大都会，芦雨亭作模特儿完全是为了钱。有条件作模特挣钱当然比到中国餐馆当服务生强多了。只是做模特儿并不是一件容易的事，它竞争激烈，工无定时，又没有任何福利保证。况且，纽约对东方模特儿的需求量又不是很大，工作的竞争程度就更大。

芦雨亭深知作模特不是长久之计，她若想留在纽约就必须从拿到一纸居留证开始。于是，她和一个美国人假结婚。开始，两人说好一切只是一桩生意，各取所需。时间一长，那美国人倒是爱上了雨亭而不想分手。雨亭拿到绿卡以后，仍然坚持离婚，又是闹得满城风雨，搞得很不愉快。

芦雨亭为了生存真是活的很累，她像远航归来的船急于寻找一个可以停泊的安全港口。她并不奢求，她不过是一个为生存忧心匆匆同时又渴望着心灵之爱的女人。

尽管，在有些人眼里，芦雨亭也许是个势力小人，但她从不介意。她自己的生活自己活，干别人什么事。人无完人，芦雨亭不过是一个凭感觉和感情做事的女人罢了。

芦雨亭爱上艺术家萧一事使很多朋友都替她不值，也使他们多少怀疑芦雨亭的聪明程度，但芦雨亭自己倒不以为然。她知道自己有多少分量，也相信自己的眼力。她很明白像萧条这种令她心动的男人也许一生只碰上一次，既然碰上了也难以躲开，倒不如顽固到底。

芦雨亭知道有天她不再爱萧或是她不能忍受情人的角色时，她会和萧分开。但在那一天来临之前，她不想因为任何人的看法而离开萧。

艺术家萧的妻子苏珊打电话给雨亭时，雨亭开始只是惊讶。

芦雨亭一直以为，老婆打电话咒骂丈夫的情人这种事只有在言情小说中才会存在，现在被苏珊在生活中上演了。

她并不想责备苏珊，她也是痛极而不择手段的。

但苏珊开始用最恶毒的语言来对她来自中国的背景和她通过婚姻取得绿卡一事来攻击时，雨亭开始生气了。

她没有想到她爱人妻子会这样侮辱她丈夫及他所爱人的感情，也更没有想到她的爱人会把她的私事向另一个女人公开。

如果芦雨亭在这之前还对苏珊有些歉疚的话，现在反而完完全全解脱了。

芦雨亭从来不相信一个完美的婚姻是会因为第三都的介入而毁之一旦，俗话还说苍蝇还不叮无缝的蛋呢。如果她是苏珊，她就会先看看她自己的原因。婚姻是一项工作，工作失职是双方的责任。

芦雨亭没有想到苏珊会是这样一个自卑女人，对萧的占有欲又是这样强烈。

是我和他结的婚，他是我的。如果你专门爱破坏别人的家庭的话，你干嘛不去夺别人的丈夫呢？苏珊如此的理论令芦雨亭震惊。她至少以为苏珊是理解她自己的丈夫懂得如何爱而与他结婚的，现在看来，萧不过是她的私有财产罢了。

至此，芦雨亭已无话可说。人没了感觉到这种地步，还有什么可讲的呢。

其实，在这件事上，谁也不是赢家。在家都是满怀痛心的伤者。在有价的物质世界中，爱是高价的奢侈品，不是人人都玩得起的。

芦雨亭感慨万分，她累了，不想再和任何人争什么了。

她曾经把爱情看得至高无尚，现在经苏珊这么一搅，她忽然明白和一纸婚姻相比，爱只占很小的一个角落。

艺术家萧漂亮的绿眼睛黑猫在窗边蹲着张望外面的世界已经很久了，它看对门的金老板在忙着整理水果杂货，而墨西哥伙计阿米诺正边洗水果边偷看着过往女人的裙下风光。

春天的下午，阳光照过充满温意。黑猫伸了个懒腰，准备去吃饭。就在这个时候，它看到萧的女友匆匆忙忙穿过 RIVINGTON 街上的热闹摊市和人群，迈着一双长腿向这边走来。她的出现立刻引起了街上男人们的回头和注视，阿米诺更是伸长了脖子，眼睛跟着芦雨亭的身影移动，一副叹为观止的样子。芦雨亭目不斜视地走着，赤红色丝绸上衣阳光中像一团燃烧的火苗随着她肩头飘逸的青黑色长发急急摇曳着。

黑猫马上兴奋地喵呜一声跳了起来，圆圆的绿眼睛顿时滴溜溜地充满了神彩。黑猫对这个浑身散发着香味的女人非常喜欢。她每次来的时候，都会极为耐心地蹲在地上为它梳理毛发和它聊会儿天。孤寂的黑猫只有在那时才会非常开心。

但今天，芦寸雨亭似乎心事重重，根本没有注意到迎面向她欢呼跳跃的黑猫。

正在地下室埋头忙碌的萧听到门铃和猫叫声便放下手中的活

儿，赤裸着上身跑出地下室，他迎着阳光眯着眼睛向外看去。女友的出现令他喜出望外，他微笑着迎上去。萧完全没有注意到位雨亭脸上的愠怒和哀伤交相辉映的表情。

芦雨亭径直地冲到门边，向迎出来的萧冷冷的说。我把你的所有衣服带过来了。你也把我的公寓钥匙还给我吧。

萧的笑容怔在脸上，这是什么意思？

什么意思？芦雨亭开始尖叫起来，问你自己的老婆吧。我不要和这种没感觉的人争你了，现在你是完璧归赵了。

说完，芦雨亭扔下手中的东西，转身向门外走去。

萧赶上去拉住雨亭的手臂问到，这到底是怎么回事？

芦雨亭边甩萧的手，边哭了起来。

黑猫唬了一跳，急急地躲到一边去了。它有一种不好的预感，而这种预感令它忽然非常难过。

萧搂住雨亭的肩，顺手将铁门拉下来。门落地时的巨响令 RIVINGTON 街上的人们都向这边看来。

萧没有想到芦雨亭的精神状况会这样糟糕。

他不知道的是几天之中，芦雨亭把自己关在上城的公寓里，已经不吃不喝不睡地哭了很久。

雨亭终于决定不要怀着孩子了，而这个决定令她悲伤不已。曾经一度，她是多么想和萧有个孩子。如今，梦想破碎，她在心理上难以接受这个事实。她隐隐地知道随着孩子的消失，她和萧的爱也消失。

回想一年来和萧在一起的点滴时光。她对将来曾怀有的希望，雨亭的心开始破裂。

她不明白为什么她爱的人不能因为怀有的孩子而和她在一起。却要为了另一个女人另一个孩子而放弃他们的爱情。同样是女人同样是孩子，为什么该牺牲的是她呢。难道爱真不如一张婚姻重要吗？

一生之中，知已难寻，刻骨铭心的爱也许只有一次。芦雨亭想，如果她和萧这次分手，以后茫茫人海中，除了爱的回亿，她和他什么时候都不再有了。

也许，她可以选择为此把孩子生下来，但她没有这个勇气。她不可以让孩子生下就没有父亲，除非，她在经济和精神上都有足够的能力来承担这个责任。

对女友的痛苦，萧无能无力。

这一段时间，他无法平静地面对苏珊和雨亭两个人。

苏珊的痛苦不比雨亭的少。尽管，她不像雨亭那样懂他爱他，但她的生活是建立在他的一切上的，如果他离开了，她的生活就会倒塌。而雨亭，他心爱的女人是聪慧而坚强的，她会因他的离开痛不欲生，但她不会垮掉。

也许，他和雨亭注定像人们说的那样有缘无份。不是他不爱雨亭，而是他没有办法割舍对苏珊和孩子的责任。他并不想放弃雨亭和这份爱，但他没有任何方式令雨亭留下来。

在艺术上，艺术家萧是一个非常有自己风格和主意的人，而在现实生活中，他是一个没有自己的头脑，难以把握及决择感情的弱者。

萧从没有想过爱其实和做任何事情一样需要勇气和决心。如果没有这个能力，就应该激流勇退，见好就收。

艺术家萧沉浸在自己的痛苦中不能自拔。他是一个骄傲的人，没有办法令他生命里的两个女人快乐，他自觉是失败的。

星期五清晨，苏珊从恶梦中惊醒。她直直的从床上起来，心突突得跳得厉害。

梦中，她看到丈夫萧和芦雨亭开心地在一起，对她的存在毫不在意。

她已经不是第一次做这个梦了。

以前她做类似的梦时，那些女人的脸都是模模糊糊的，而这次芦雨亭的脸却异常清晰。

和萧结婚以来，苏珊第一次真正地感觉到实实在在的恐怖。

她知道如果她不采取什么措施的话,她很有可能永远的失去萧。

不行，她对自己说，绝对不行。

她知道她很难再找到像萧这样才华横溢的艺术家了。为了萧，她付出的太多， 她不甘心就这样失去一切。

痛骂芦雨亭不过让她发泻了心中发怒火和怨气，但并没有让萧就此止步。相反，萧和她的距离感因此更大。

苏珊终于意识到萧真的爱芦雨亭，虽然这是她极不愿意对自己承认的。

理智上讲，苏珊知道抽刀断水水更流的道理，但她不得不孤注一掷。如果必须在家和完整的家庭两者之间选择，苏珊宁愿保存住家庭。她来自一个破碎的家庭，深知其苦。

苏珊决定无论如何也要夺回丈夫。

从床上起来，苏珊迅速地梳洗打扮，准备进城去找已经几天没有回家的萧。在镜子中，苏珊看到自己青白而憔悴的面容，不禁暗暗叹了品气。

清晨的风加着密密的细雨在曼哈顿的上空降落。

阴雨天的大道上依旧是车水马龙,日子并没有因此而减慢下来,人们依旧怀着各种心事带着各种表情在城市里穿梭来往。

芦雨亭坐在医院大楼的前厅等着萧在外面把车停好后过来。

她双手环抱在胸前，一身缟素。

穿过风丝和雨雾，雨亭凝望着远处的车流人群，思绪停留在去年夏天初识萧的那些日子里。

曾经多少次，她在酒吧或许餐馆的露天坐位上等萧溜出家门来和她约会。很多时候，萧因为一时找不到借口出来而迟到。雨亭从来都是极耐心地等着，看着客人一桌桌地换，服务员一次又一次地来清洁桌面。不管多久她都会等着，期待着和心爱的人的会面，她相信同样爱着她的萧不会让她失望。

每一次，远远地看见萧匆忙向这边走来，长发在风中飞舞的时候，她的心就会急跳而起，所有等候的焦虑全部一扫而空。

那时候，不管她有多么不开心，只要看到萧，她的心情就会豁然开朗。

只要她能和萧相拥在一起，生命中的任何苦涩都会离她远去。

此时此刻，回想过往的一切，芦雨亭禁不住热泪盈眶。

她没有想到今天，一切已不同于以往，她和萧不再会像他们曾期望的那样有自己的小孩，而她也不会像过去那样相信她爱的人不会让她失望。

萧从细雨中走进医院大厅的时候，远远地看到芦雨亭呆坐在长椅上，神情孤寂。

萧震惊了。

他第一次意识到雨亭瘦了很多，根本不像刚认识时的苗条中带着丰满。静默之中的雨亭像一座雕像，美丽而哀伤。

他几步冲上去，紧紧地将女友抱在怀中，心疼万分。

芦雨亭双手搂着萧的脖子，嗅着他身上熟悉的气息，多少天来的紧张和担忧随着过往旧事一起涌上心头。她再也抑止不住自己的伤心，眼泪一滴滴地掉在萧的肩膀上。

两人就这样抱在一起，互相分担彼此内心的压抑和痛苦。

医院大厅过往的人们都约纷投来好奇的目光。

水果店的金老板最后一次看到艺术家萧和她的漂亮女友在一起，是五月一个明媚的日子。

RIVINGTON 街在五月暖人的微风中依旧充满喧嚣。

各家各店都在门外摆出他们的摊位，各色的衣物挂在店铺的屋檐下像五彩旗帜一样在风中飘荡。空气中充满了阳光及街边树木花香的气味，在这暖洋洋的空气中到处欢马叫，一派繁荣。

金老板在他的水果店外看到艺术家萧和他的情人手拉着手站在萧的店铺门前，四目相视。

五月的微风穿过萧的长发水般地流到芦雨亭的发中一起飞扬着，两人的脸上同样笼罩着离别的感伤。在 RIVINGTON 色彩斑斓的街道上，在五月的人声和风中，萧和雨亭沉浸他们自己的情感世界中。

他们或许在倾诉着最后的爱意，他们或许在许诺着关于未来的海誓和山盟。他们已根本不在乎是否有人能够看得见他们世界里发生的情景，是否有人看懂他们的故事。

风依旧吹过 RIVINGTON 的街道，生命依旧在每一家店铺里流逝，而这一切仿佛都已和他们无关。他们四目相望，凝视中，世界上其他所有的人和事都已不复存在。然后，艺术家萧和他的情人紧紧拥抱在一起，久久没有分开。

金老板的眼睛湿润了。他想起了很多年前他在故乡和他曾深爱的姑娘分手时的情景。那时候，他还年轻，不懂得曾经苍海难为水的道理，等到有一天在经历了生命中多少飘泊和风霜后，他终于明白的时候，他的姑娘已不知身在何方。

许多年过去了。金老板在美国成了家立了业。如今，他的孩子都大了，他在 RIVINGTON 街水果店也生意兴旺。他以为岁月的流水已冲刷掉他所有的往事，然而萧和他的情人又令他想起了他曾经热恋的姑娘。这时候，他才知道，生命中的情爱是根本忘不掉的，它们只会像鹅卵石一样在时光之水的洗涤中更加清晰。

假如，时光可以倒流，金老板是不会轻易放弃他生命之爱的。

望着街对面那对相亲相爱的情侣，金老板感慨非常。

五月，太阳高高地照耀着 RIVINGTON 街，人们来来往往，在经过水果店时，大家注意到金老板异常的目光，随着金老板的视线，人们看到艺术家萧在和他的女人依依不舍。

远处，萧的妻子苏姗正向这边走来，正午的太阳将她的影子拖在身后街道的路面上。

（1995 年纽约）

评论

纽约桃花写故事

王渝

书名《上海以北 北京以南》很有意思。我最初入眼想到的是，书里的故事发生在这两座大城市之间。读了后记才知道，作者固执地认为，上海以北北京以南的地方就是纽约。原来是文学的认定。文学具有超越性，超越一切。作者在此书中书写的便是这三个城市的故事。

作者在后记和序言中提到自己喜欢听故事，也喜欢写故事，而我感觉到她很会写故事。我举几个例子来说明。

《北京往事如尘》一开篇描写北京落满灰尘的玻璃窗，投进来一束阳光中一粒粒灰尘清晰可见地漂浮着。连续两次“灰尘”一词的出现，可不只是客观描绘景色，而是着意紧扣主题的表述。

《艺术家的情人和老婆》这个故事中，艺术家和妻子和情人的三角关系，真是够纠缠，实在是理还乱。作者竟然有心地安排了一个旁观者韩裔金老板。金老板的店开在艺术家工作室的对街。艺术家来访的情人，让金老板回忆起自己的初恋。着笔很淡，余味悠远。这个人物的出现是神来之笔。

书的最后是《微小说拾零》。其中的《分手餐》和《初恋情人》都是点石成金的精品。取材平凡到让人忽视，表现手法却新颖特殊，造成艺术上难做到的陌生感。

我最喜欢是短篇《多想与青春道一声对不起》。安娅是三好学生，是学生会代表。她守规矩，按照规矩做事，于是按照规矩向老师报告同学的不规矩行为。所以，同学不喜欢她。初中三年级时，班上体育好的李明磊有一天递了张纸条给她。她不知道如何处理这张纸条。安娅的父母都是高级知识分子，有自己忙不完的事。她与父母间很少交流。她不好问父母。只有老师是她亲近的人，于是她跟老师说了此事，老师拿去纸条。后果是李明磊遭到处罚，而且被父亲揍了一顿。从此李明磊躲着她。同学轻视她，认为她出卖了李明磊。

其实她对李明磊印象很好，还有点喜欢。

唯一她能亲近又敬爱的老师，真心维护她，却把她推进一个很不堪的处境。

这件事成了她心上的阴影，拂之不去。直到她为人妻为人母以后亦然。她总向老同学打听李明磊的情形，心里想着要向他道歉。

后来道歉的事再也无法做到了，因为李明磊去世了。

由于亏待李明磊这个事件，她才意识到自己也亏待了自己的青春。

结尾写得太好。作者这么写“这么多年来，她唯一希望的就是可以当面跟李明磊道一声歉，跟自己的青春道一声对不起。”

这篇最动人就是全用白描手法，不带一点渲染，不怨人，不怪罪时代，就是一路直白说来，说得让人心碎。

（王渝，著名诗人、作家与编辑。曾任《美洲華僑日報》副刊主编以及《今天》文學刊物編輯室主任。曾爲香港三聯書店、上海文藝出版社編輯詩選、微型小說以及留學生小說的選集。作品有詩集《我愛紐約》《王渝的詩》，隨筆集《碰上的緣分》。譯作有《古希臘神話英雄傳》。主编在美華人現代詩選集《三重奏》。）

说说纽约桃花的小说

凌岚

在了解桃花的写作历程之前，觉得她像井喷一样高产——出版了回忆录家族长篇小说，第一部即将杀青，第二部已经写了很多……速度之快，产量之高，令我等码字的文青羡慕不已。除了写作，她开出版社，搞诗集出版，在年龄跨度超过半个世纪的几代华人诗人之间联络周旋，做读者最少，商业回报最小，却又是海外中文诗歌出版史上最有意义的《纽约流光诗影》……桃花精力无限，广结人缘，不愧是开在纽约中文写作圈里一株茂盛的桃花。

这些炫目的业绩，让我这个之前跟她没有任何交集的旁观者，觉得真是平地一声雷，忽然冒出来的盛景。虽然我也知道，罗马不是一夜建成，天底下除了极少数天才，文学成就从来都是从无到有的积累和摸索。这本小说集《上海以北，北京以南》就是一个证明，走出国门，来到异国他乡，一切从头开始，但人生在延续，不可能重新投胎，人生的一切， 比如欲望，比如思念，比如青春无处着落的种种孤寂闲愁，在做成了曼哈顿的中国女人以后也不会自动消失的，就会有文青提笔写作，写诗和写散文，从“豆腐干”开始，慢慢敷衍成篇，短篇小说，甚至中篇小说……北岛说中文是最好的行李，中文是我们这些漂泊的人在一生的旅行中唯一丢不掉的行李。

一个沉迷于摄影的朋友曾经跟我说，再好的风景，再激动人心的事， 如果不被记录在影像中就等于没有发生过。同理， 对生活的记录，情感表达的渴望，如果不形诸于文字，对于写作者来说就等于白活了。像桃花这样一个有写作天分，从小就用笔开始记录人生的才女，更是这样："小时候，写作是一个让我逃离现实世界的方式……上课走神，坐车坐过站，写作给我唯一的勇气和信心。……课上课下，我都拿着一堆纸片兴奋地写着……"记录和表达是天生的欲望，这就是作家的开始这本《上海以北，北京以南》积累了她在纽约二十年来的虚构写作，长长短短，有中篇小说，也有微小说，我们可以看到一个写作者成长的足迹和道路。这些篇章，题材相对集中，一言以蔽之，写一个"情"字——单身华人女性在纽约的情感经历。情的纠葛不变，情发生的风景各异，男配角各异，我读着读着，经常希望桃花能在这些故事的基础上，再往前一步，把这种感情纠葛抽象化，从单身女人因情困惑，变成更广大，更高远的人生困惑。

在这本小说集里最长的也是最成功的一篇，是《北京往事如尘》，跨度近二十年写几对北京文青男女的生活历程，记录了八十年代中期中国开放之始，到二十世纪初的经济起飞。男主角的身份小说开始时的小有名气的小说家，到后来的土豪某总，社会角色的变化不仅具有时代特色， 而且有伍迪艾伦式喜剧的讽刺性。在中国这样一个文青大国，时代大潮中文人转商，文人转政，是社会上屡见不鲜的事，这种变化，现在叫作"华丽转身"，转身的难与易，都可以深挖其后的为什么，但对这个题材发生好奇的作者似乎并不多。以文人生活为母题的小说，除了著名的钱杨大师的《围城》《洗澡》，现在还有江西的阿袁， 除此以外就真的没有了。桃花的这篇《北京往事如尘》着重点是情感纠葛，人的心路历程是随手带出来的，在不经意间，自有它的动人处：男女主人公像被荷尔蒙驱动的青春期的动物，热烈地相爱又狠狠地伤害，在生存层面挣扎，却并没有太多的自知。他们似乎连自己都不满足这种殉情化的状态，这种不经意间对北京生活的困惑，“我到底在干什么啊”是人物没有问出的问题，恐怕连作者自己都没有想到。没有问出口的质疑，对中国和美国过去几十年都有代表意义的。这就是写实主义小说呈现的真实：混乱，吵闹，无厘头，人人如此，乱如麻……

用教过我中国当代文学的黄子平老师的话，在他总结北大中文系 77 级时，他这样写道：“……我们有种自我认定，我们是同龄中的幸运儿，无论之前有过多少磨难，似乎从接到录取通知书的一刻起，我们的名字就习惯了与成功之类的字眼连在一起。因此，我们常常是最缺乏自我反省的一群， 常常忽略了挫败尤其是历史性的挫败才是我们生命的组成部分，而且是那最重要的部分。”“如今时时袭来撞击久已沉寂的灵魂，岂不正是生命中那一次又一次的失败和挫败，被错过的、擦肩而去的历史瞬间？”（《早晨，北大》一文，转自《文学七七级的北大岁月》）。

正是这种不能名的挫败感，弥漫在《北京往事如尘》这篇小说中， 给了小说更多的深度和叙述空间。

祝愿桃花写得更多，写得更好。

（凌岚，本名谢凌岚，本科毕业于北京大学中文系。90 年代起侨居美国。已出版小说集《〈海中白象〉,〈离岸流》，随笔集《美国不再伟大？》，诗集《闪存的冰》，并译有《普拉斯书信集》《伊平高地的一扇门》《牛顿，远控力量，帝国主义》。）

宿命的不安与归宿

洪君植

人，生来就带着宿命的焦虑。

这与环境无关，与人的性情无关，与成长经历无关。

在后天的焦虑产生之前，人，先天就带着焦虑来到这个世界上。因此，需要关怀，需要安抚，需要陪伴，需要情爱，更需要归宿。

依华先后经历了老棋、杰斯、欧阳予、汤姆，不，应该说是五个男人，依华爱的欧阳予和没有感觉又不爱的欧阳予。

这是生理上的还是心理上的需要，让依华经历这些男人的吗？亦或是依华的颓废和放浪带来的？不见得。

男人的焦虑来自于本能的族属繁衍的需求与满足不了这些需求之间，而女人的焦虑则来自于坚守的使命与被守护的需求之间。

数亿个精子奋不顾身的去占有唯一一个的卵子。这在生物学上就注定了来自先天的焦虑。男人能不能占有到那个唯一的卵子，女子能不能把只有一个的卵子守护得住？

这样的生理学上先天带来的焦虑成长到一定的程度以后就投射到每个男女的社会生活和情感生活当中。

首先在情感生活的投射表现为由焦虑引起的不安和依托上。

因为未知的与生俱来的焦虑，让人们对自己现存的环境感到不安，因此到处流浪，农村人到城市，小城市的人到大城市，大城市的人到更发达的国外城市。

于是乎依华出国了，为了摆脱未明的不安与焦虑，为了找到安定，找到归宿。

依华与老棋的邂逅有些莫名其妙，但是从先天的焦虑角度来看，很是合理。暗恋的欧阳予已经与闺蜜李霞结婚了，而老棋却又暗恋已经与欧阳予结婚的李霞，不是同病相怜，而是虽然暂时的虚无缥缈却能给一定归宿感的渺茫的希望，两个人同时失去了，缺失了。这使得依华与老棋走到了一起，同样的不安感，同样的焦虑情绪，终于在酒精的催化下让他们俩走到了一起。

依华明确知道杰斯并不能给他爱，但却和他结婚了，这也是焦虑使然。陌生的环境让女孩子的焦虑和不安急于找到一个归宿去化解。

婚姻既然不能找到能够化解与生带来的焦虑与不安，那么只能从婚外找。而社会生活却是这种途径的最佳平台。

因为与生俱来的焦虑与不安引起的情感生活的不能专一，投射到社会以后就会变成社团或者企业的移动和拓展上。企业或社团，并不仅仅是为了拓展领域才对外扩张和交流的。其实企业或社团的扩张和对外发展，从某种意义上讲也是个人天生的焦虑与不安的向外投射。因为对未来的莫名的不安和焦虑，对占有和守护的不确定性和不安引起的焦虑，投射到社会和企业、社团以后，使得这些企业或社团不得不对外扩张和交流。我们美其名曰开拓国际市场。

依华因为公司的需要，从美国来到北京，并如愿的见到了已经离婚的欧阳予，也是毫无悬念的走到了一起。但好景不长，因为一样的对占有和被守护的前景的不确定性和不安而引起的焦虑，依华和欧阳宇的矛盾，走上了极端，以至于过一段时间后，依华回到北京，欧阳予甚至不想见，被迫见面后，虽然走到了一起，还是同样的做爱，依华却感觉到“欧阳予已经 成为了让我最没有性欲的男人”。

本以为能够化解不安与焦虑的归宿，成为泡影后，依华自然而然的找到另一个归宿——汤姆。

看起来像是一个熟女情感生活的真实表述，却更深层次的探讨着人本身具有的与生俱来的不安与焦虑。

这一点从依华和汤姆结婚的场景心理描述上表现的很充分。

“我知道在那一瞬间，我还是不自觉地想起了欧阳予，想起了我们曾经的许诺。在那恍然如梦的瞬间，我感到泪水湿润了眼眶，眼前一片模糊。教堂里人们的笑脸也被我的泪水打动，他们绝对以为我被幸福冲昏了头脑，快乐得感动。”

显然，依华不是因为感动，而是因为曾经的不安与焦虑以及对以后的不确定性而感慨。（以上「北京往事如尘」）。

「艺术家的情人和老婆」也表现出与生俱来的不安与焦虑。

芦雨亭、苏珊和萧之间的三角关系也充分体现出了与生俱来的不安和焦虑。苏珊以其执着追到了才华横溢的画家萧，并且拼尽自己所能辅助萧实现自己的理想。而萧呢？事业有所成以后，在工作中碰到了模特芦雨亭，并与其产生感情。

如果没有与生俱来的不安与焦虑，萧已经很满足，并不一定需要与芦雨亭的情感。爱，苏珊已经给的足够，而且萧也接受了。芦雨亭也一样，没有与生俱来的不安与焦虑，在北京说不定比在美国发展的更好，也不一定非要和萧发生感情纠葛。但与生俱来的不安与焦虑促就了有些看起来狗血的三角关系。（以上「艺术家的情人和老婆」）。

这种关系，这种不安，在纽约桃花的其他小说以及微小说里都有所表现。

总之，纽约桃花的小说集「北京以南，上海以北」通过男男女女的情感生活和感情纠葛，深入地探讨了人与生俱来的不安与焦虑，而这些不安与焦虑就像如蛆附骨般的跟着人的一生并投射到社会以后的情境。

（洪君植，1966年出生于黑龙江省宁安市。双语诗人、翻译家、出版家，纽约新世纪出版社社长。获国内外文学奖若干，出版个人著作80余部。）